幻の村

―哀史・満蒙開拓

手塚孝典

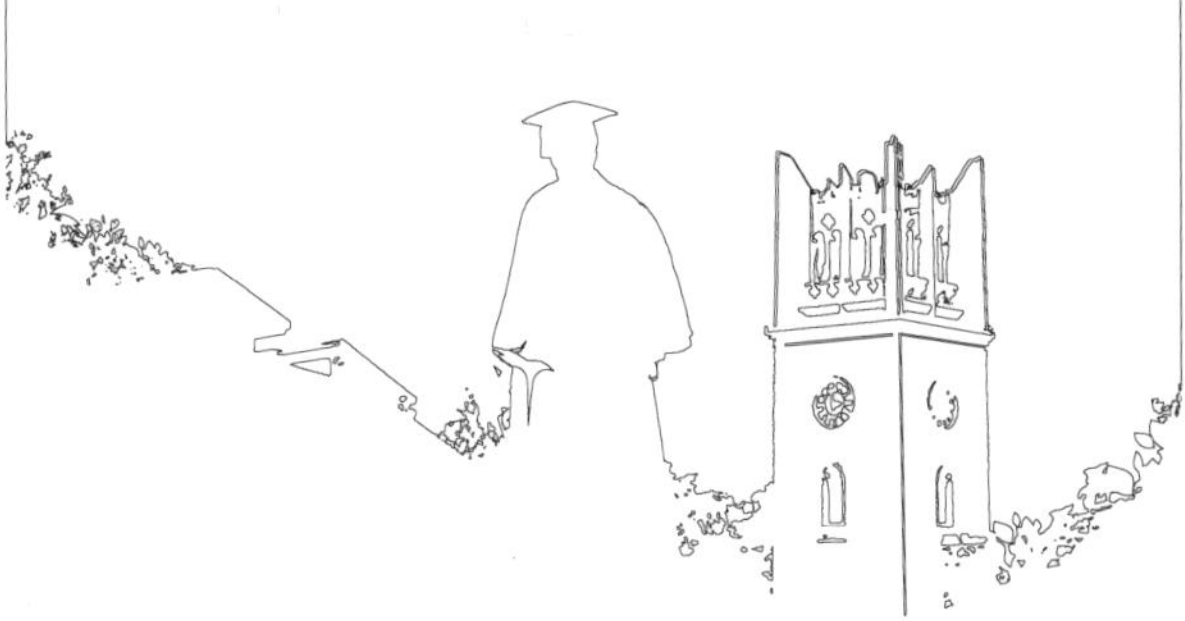

早稲田新書
007

まえがき

　ポプラ並木に舞う土埃《ぼこり》は小高い丘が連なる緑の田園を荒涼とした景色に変えていた。土壁やレンガ造りの家が建ち並び、庭に張られたロープに無造作にかけられた洗濯物が大陸の乾いた風に揺れている。人々は、砂利道を走る大型バスを一瞬、訝《いぶか》しそうに見送り、意味ありげな笑顔を向ける。その場所は、ロシアとの国境に近いハルビンから車で四時間ほどの黒竜江省方正県にある。バスが停車するまで、それと気づかない、ひっそりとした佇《たたず》まい。控え目な装飾が施された門扉は、久しぶりに訪れる日本人を迎え入れる。二〇一四年六月、長野県の阿智村にある満蒙開拓平和記念館の調査に同行して、中国の東北部、旧満州国の地を訪ねた。この日の目的地は、日本と中国の友好の原点と言われる中日友好園林だ。

　戦争中、日本の国策で満州国へ送り出された開拓民は、敗戦の年、真夏の戦場に置き去りにされた。過酷な逃避行の末に辿《たど》り着いた難民収容所で、零下三〇度にもなる冬を迎える。

この地では、寒さと飢えと伝染病で約四千五百人が命を落とした。そのほとんどが女性と子ども、老人だった。この園には、中国政府が唯一つ認めた日本人犠牲者を追悼する公墓がある。敗戦後、ひとりの中国残留婦人が、野ざらしになっていた白骨の山を埋葬したいと願い出たことを契機に、一九六三年に中国の中央政府が建立したものだ。

政治の舞台で国同士の亀裂が深まるなか、満蒙開拓の関係者が、毎年のように訪中団を組んで慰霊に訪れ、民間交流を進めた日中友好の象徴である。それ故に、標的にもなりやすい。日本の訪中団による経済効果を揶揄《やゆ》する論調が方正県に向けられることもあった。二〇一一年には、方正県政府が日本開拓民亡者名録という追悼の石碑を新たに建立すると、一部から「開拓団は土地を奪った侵略者だ」と反発が起き、赤ペンキがかけられ、政府が撤去する騒ぎになった。その後、尖閣諸島の領有を巡る対立などもあり、園は微妙な均衡の中に置かれていた。

日本の植民地支配で生活を奪われ、人生を狂わされた現地の住民には、日本に見棄てられた開拓民への同情がある。一方で、軍人や軍属ではなくても、戦争で亡くなった日本人を追悼することへの抵抗感がくすぶっている。あるいは、満蒙開拓時代の景色をわずかにとどめるかつての入植地で出会った男性は、私たちの姿を見ると、まくし立てるように叫んだ。

「日本人がこんな所まで何をしに来たのか？　また戦争をしに来たのか？　ここで大勢日本人が死んだんだ。安倍政権はそんなに戦争がしたいのか？　平穏が一番なのに。日本と中国が戦争をしてもよいことはない。政府の役人は事務室で座っているだけ、犠牲になるのは一般の人々だから。戦争は駄目だ。隣人なんだから」

この直後、日本では集団的自衛権の行使を容認する閣議決定がなされ、安保法制の成立へ動きを加速させていく。男性は、かつての侵略について訴えていたのではない。日本に再び軍国主義が台頭しているのではないかと心配していた。歴史を省みる姿勢が失われているように映ったのだ。侵略の爪痕は、旧満州の至る所に刻まれ、平穏に見えて時に鋭く牙を剥く。それは政治的に流布される「反日」とは異質な、人々の中に流れる土地の記憶とも言うべき感情である。

中日友好園林の最も奥まった所に墓苑はあり、やや小ぶりの墓石が建つ。元開拓民の高齢化も進み、足を運ぶ日本人はわずかで、他に花を手向け死を悼む人はいない。強い日差しを和らげるように涼やかな風が吹き、木漏れ日が梢の影を揺らす。場違いに思える心地よさが気持ちをざわつかせる。黙して語らない人々が発する声に耳を澄ませる。どれくらいの時間だったのか。その声を聴くことはできたのか。再び扉は閉ざされ、意識は遮断される。白い綿毛のような柳絮《りゅうじょ》が風に漂う。ここが戦場だったという実感は湧かない。何かがつかめそうなのに、わずかなところで届かない、焦燥感といら立ちも、やがて彼方へ遠ざかっていく。戦後六十九年という歳月を経て、命の記憶は寂莫のなかにあった。

満蒙開拓団は、一九三一年の満洲事変、翌年の満州国の建国の後、一九三六年に閣議決定され、日本の国策になる。現在の中国東北部へ五百万人を移住させる計画だ。

「満洲へ行けば地主になれる」。政府の言葉を信じて、農業の担い手になる成人男性とその家族が海を渡る。その実態は、日本の公設企業が現地の農民から安く買い取った耕作地と家屋が与えられ、中国人を追いやる形での入植だった。ソ連国境の防衛と植民地支配が目的で、日本の軍事を担う陸軍の関東軍への食糧供給など兵站《たん》の役割を担う。

国内では世界的な大恐慌で疲弊した農村経済の建て直しと相まって、政府は交付金など財政的な優遇措置を巧みに使い、開拓団の送出を自治体に迫る。全国で約二十七万人、長野県からは最も多い三万三千人余りが送り出された。

敗戦間際にソ連軍が満洲へ侵攻したことで事態は急変する。関東軍は、激戦の続く南方戦線へ移されて手薄な上、いち早く撤退。無防備な開拓団は、突然、戦場へ放り出され、ソ連軍の攻撃にさらされる。さらに中国人の報復の矛先が向けられ、過酷な逃避行や収容所生活などで、合わせて八万人以上が亡くなった。

国の棄民政策の果てに犠牲となった開拓民。これだけが、満蒙開拓のすべてではない。核心に近づく手掛かりの一つが、長野県の村に残されていた。

戦後六十年の間、封印されていた二十四冊の日記帳。一九二三年から敗戦後の四六年まで、ほぼ毎日書かれている。戦争の激化は表紙からも窺うことができ、年を追うごとに国威を発揚するデザインが並ぶようになる。敗戦近くには和紙を自分でとじたものもある。時に天下国家を論じ、土に生きる民に心を寄せ、何気ない家族の日常に喜び悲しむ様がつづられている。欄外まで使って思いのたけを書きつけたものから丁寧な筆致まで、その時々の心情を窺い知ることができる。

日記の主は、胡桃澤盛《もり》。三十六歳で長野県の旧・河野村の村長に就き、戦況が悪化した一九四四年、村人を満州国へ送り出す。総勢九十五人の河野村開拓団は、敗戦後に集団自決に追い込まれ七十三人が死亡。そのほとんどが女性と幼い子どもだった。翌年、盛は四十二歳の若さで自ら命を絶った。

十代の頃は、大正デモクラシーに影響を受け、保守的な農村にありながら進取の思潮に傾倒した。自由主義の理想を抱き、理知的で多様な視点から物事を捉えることができたにもかかわらず、盛はなぜ、国家主義に追従し、聖戦イデオロギーに絡め取られていったのか。

戦後、その死は、満州への開拓団送出と開拓民の悲惨な最期への「引責」が定説となった。死によって自らの罪をつぐなった村長として、悲劇性がクローズアップされ、一部では潔いとの共感を呼んだ。果たして、自ら命を絶つことで、どのように責任を取ったというのだろう。

盛の自死を美談に仕立てる論調には、真実を覆い隠す力が働いていないだろうか。

日記を通して盛の人生と相対すると、送り出した側の責任を突き詰める必要があると強く感じる。一方で、国策の責任を問う声が、戦後長らく、犠牲となった当事者からも上がらなかった事実を見逃がすことはできない。満蒙開拓を俯瞰して捉えようとしても核心に近づくことはできない。被害者が加害者に転じ、加害者は被害者にもなる。正義は欲望と結びつき、人や地域の絆は刃《やいば》を向いて自らに襲い掛かる。ほつれた糸を絡み合わせるかのように織りなされている満蒙開拓のいびつで複雑な姿をあぶり出さなければならない。

二〇二一年は満州事変から九十年。元開拓民の不在によって記憶は風化し、生身の人間が生きた痕跡は失われていく。当時を知る手掛かりとなる記録は焼失し、残された資料は時間の経過とともに散逸していく。事実を隠蔽し、無かったことにすることはたやすく、継承することは難しい。

歴史が公的に記録されたものの連続であるならば、それは支配者の記録として刻まれる。「公の歴史」に対峙《たいじ》する「民の歴史」が必要だ。同時代を生きる人たちの記録が、時の為政者によって都合よく作られるものであってはならないと思う。一人ひとりの人生に深く分け入り、たとえ目をそむけたくなる記憶であったとしても直視し、すくい上げる。多大な労力と困難を伴うが、その努力を怠れば、事の本質には近づけず、権力者の歴史認識に加担することになるだろう。

だから不都合な歴史と赤裸々な人間存在から目をそらさず、考え続ける。沈黙に耳を澄ませ、戦後社会が奪った民の声を聴き、問い続ける。

満蒙開拓とは何か。

人々が心の奥底に沈め、私たちの国が葬り去ろうとしてきた事実、語られなかった満蒙開拓の実像に、戦争を知らない世代のひとりとして、どこまでも迫りたい。

（敬称略、以下同じ）

目次

満州国の位置を示す『新満洲國全圖』（日本統制地圖）

第一章　沈黙の村

一　最後の証言

南アルプスと天竜川が作る河岸段丘のわずかに開けた土地に田畑が続く。集落に一本だけ掛かる橋は、戦争中は村人の出征を見送り、復員する者を迎え、遺骨となった者の帰郷を見届けた。生と死が行き来する橋。開拓団もこの万年橋を渡り、列車に乗った。駅前の広場に集まる村人は万歳三唱を繰り返し、開拓団員は走り出す列車の窓から手を振る。モノクロフィルムに焼き付けられた開拓団送出の光景が浮かぶ。村の人たちも希望に満ちた笑顔を振りまいていたのだろうか。それから一年足らずで自分たちを襲う悲劇を誰も知る由はない。悪意のない無邪気な笑顔は免罪符とはならず、戦後も因縁を深く沈めたまま、開拓団の悲劇は村人を威嚇し続けていた。戦後六十年を前後して満蒙開拓の取材をしていた二〇〇八年、長く沈黙を守ってきた河野村を訪ねた。

当時、全国各地で中国残留孤児による国家賠償請求訴訟が起きていたこともあり、満蒙開拓と言えば、中国残留孤児を生んだ歴史事象として、その枕詞のように語られる程度だった。

もちろん、帰国者たちが祖国で直面する差別や生活苦など、今日的な問題を問うことはジャーナリズムの使命である。一方で、すでに敗戦から長い時を経て、社会全体で戦争体験が風化しているなか、背景にある満蒙開拓そのものにも目を向けなければならないのではないかと漠然と感じていた。

河野村は戦後の合併で豊丘村になった。長野県の南に位置する一市三町十村は飯田下伊那と総称され、連合組織を作り自治体が連携して公益サービスを分担するなど、広域的な行政運営をしている。地域のつながりの強さは、県内で最も多い約八千人の開拓団を満州国へ送り出したことと無縁ではない。

なぜ、この地域が満蒙開拓に積極的だったのか、その経緯を調査・研究し、さまざまな体験を持つ開拓民の声を記録する活動が早くから進んでいた。取材の手掛かりになったのは、「満蒙開拓を語り継ぐ会」による体験者への聞き取りだった。研究者や郷土史家、元教師など、満蒙開拓に関心を寄せる市民の有志が集まり、活動は二〇〇二年から十五年余り続く。報告集は十冊、百人以上の体験が収録されている。二〇〇四年と翌〇五年に発行された報告集に元河野村開拓団員の体験が掲載されていた。

会員のひとりで飯田市歴史研究所の齊藤俊江は長年、この地域の満蒙開拓の研究を続けている。最初に訪ねた時、「あと二十年早く始められていたら」と残念そうにつぶやいた。すでに開拓団員の当主らは他界し、満州に渡った動機、現地での暮らしや敗戦前後の逃避行、引き揚げ後の生活など、村の社会的な背景を踏まえた状況を具体的に聞き取ることは難しい。それでも、当時十代・二十代だった開拓民の記憶からも、満蒙開拓の実態を知ることはでき、新たな事実も明らかになっていった。

おそらく二十年前の戦後四十年というタイミングでは聴くことができなかったのだろう。河野の集落で、人々に沈黙を強いるものとは何だったのか。

河野村開拓団で集団自決を免れて生き延びたのは、主に現地で召集され団を離れていた成人男性で、すでに八十歳半ばを超えている。存命の元団員は四人ほどいた。ただ、健康上の理由で会話が難しく、話を聴くことができるのは二人。いずれも河野の集落に暮らしていた。ひとりは開拓団の団長の息子で、終戦間際に召集され、開拓団に家族を残して出征。集団自決で父親と妻子を亡くした。もうひとりは、十四歳で満洲へ渡り、集団自決に巻き込まれながら生き延びた男性だった。なぜ敗戦間際に満州へ渡ったのか、なぜ集団自決に至ったのか。

河野村開拓団の軌跡を辿《たど》ることができる最後の機会が訪れていた。

生存者のひとり、筒井茂實はこの時、九十五歳。体調が思わしくなく自宅で家族の介助を受けながら暮らし、ベッドで過ごす時間が長くなっていた。妻の美恵子は、戦争で夫と子どもを亡くし、茂實とは再婚同士だった。一緒に住む娘の恵子を交え、取材の趣旨を説明し、了承を得た。

ところが、その日の夜、恵子から電話があり、取材は中止してほしいと告げられた。高齢で体調も万全ではなく、家族を亡くした満州のつらい記憶を思い出させるのが忍びない。それほど長く生きられないと思うので、このまま心穏やかな人生を送らせてあげたい。受話器の向こうで申し訳なさそうに話す様子が伝わる。気持ちは察するに余りある。それでも、このまま電話で終わりにしてしまうわけにはいかないと思い、無理をお願いして、もう一度訪ねることにした。

再訪当日、恵子はあきれたと言わんばかりに切り出した。茂實に取材の中止の件を話したところ、ひどく叱られたとのことだった。満州のことを話すのは、これが最後になるだろうから、後世のために役に立てればと承諾したのに、なぜ、勝手に断るのかと。笑いながら話していた恵子は、次第に涙に声を詰まらせていた。

茂實は、農家の四男として生まれた。父親で後に開拓団の団長を務めることになる筒井愛吉は、村の有力者で、満蒙開拓に大きな可能性を見いだすことになる。

一九二〇年代、河野の集落は、河岸段丘のわずかな耕作地を桑畑にして養蚕を主な生業にしていた。アメリカの好景気で生糸の輸出は好調だった。状況が一変するのは一九二九年。世界恐慌で繭の値段が暴落した。家計への打撃は大きく、山間地が続く地形的な問題もあって養蚕以外への転作もうまくいかない。河野のみならず飯田下伊那一帯が、これまでの農業の限界を突き付けられた。

一九三一年、満州事変が勃発する。満州に展開する日本の関東軍は、鉄道の爆破を中国兵の仕業にみせかけて満洲に攻め入る。九月十八日の柳条湖事件だ。翌年三月には、清朝最後の皇帝だった溥儀を擁して満州国を建国する。「王道楽土」と「五族協和」を掲げた独立国をうたった。傀儡《かいらい》国家との国際的な批判を避ける狙いで、行政機関は中国人が部局の長に就き、次位を日本人が占め、実質的には日本人が実権を握った。同盟国の日本すなわち関東軍が国防と安全保障を担当することになっており、関東軍の満州全域への駐留を可能にした。

その後、日本は国際的な非難にさらされ、国際連盟を脱退する。一九三三年の下伊那郡の郡民大会では、脱退支持の決議が可決されている。大会宣言は「満州国の独立と我が正当なる自衛権とを否認し、却て抗日、排貨運動（引用者注：中国での日本製品の不買運動）を正当化せんとするが如きは、東洋の平和を攪乱し、国際連盟の精神を自ら没却するもの」としている。

関東軍は、日本の傀儡《かいらい》国家を足がかりに満州の支配を強固なものにしようと、大量の移民を送るよう日本政府に働きかける。これには慎重論が強く、最初の移民は軍主導だった。満州国建国の一九三二年からの三年余り、試験移民や武装移民と呼ばれる人たちを、国内の在郷軍人会などが中心になって送り出した。土地と家は、関東軍が現地の住民からただ同然に奪ったもので、その結果、襲撃が絶えず、開拓団に死傷者を出すなど集団移民は難しい局面に置かれる。

一九三六年二月、満州移民が大きく動き出す事件が起きる。青年将校らによるクーデター、二・二六事件だ。満洲への移民に慎重だった大蔵大臣の高橋是清ら政府要人が暗殺され、満州移民への軍の発言力も強まっていく。その年、政府は、「二〇ヵ《ママ》年百万戸送出計画」を閣議決定。二十年で百万世帯、五百万人を満州へ送る計画を国策として進める。満州国の人口五千万人のうち一割を日本人で占め、支配を確固たるものにしようとの計算だった。こうして満蒙開拓団は国を挙げての大事業となる。


二年後の一九三八年。下伊那郡町村長会は視察旅行を主催。村長や助役ら四十人が二週間余りの日程で満州国を訪問する。この時の様子を記した『満州農業移民地視察報告書』が残されている。

大連では県人会の役員から「移民という言葉は面白くないし、且つ甚だ不愉快である。我々はこれを大和民族の大陸移動と称することにしている」と言われ、みな大いに賛同したという。首都の新京（現・長春）や奉天（現・瀋陽）、ハルビンなど主要な都市を巡り「日章旗高く翻りて大和民族発展の表徴に心は躍る」との感想を抱く。満蒙開拓をどのように捉えていたのかを窺い知ることができるエピソードだ。

視察団は主に五つの開拓団を訪ね、気候や風土、交通や通信インフラ、農業や村の建設の状況などを見て回った。広大な耕作地で豊かな暮らしぶりを目の当たりにする。さらに農業開拓のみならず、満州国建設の偉業を達成するという大義を掲げる人たちに影響を受けたことも伝わってくる。

報告書は「満州へゆけば楽に暮らせるという式の宣伝は徹底的に誤りである」としながらも、成否は入植者の心構えによるものであり、優れた指導者の存在も欠かせないとしている。最後に「我々は満州の天地に働く数百の郡同胞に会って、困難は伴うが満州農業移民は国策的見地からも亦経済更生の視点からしても、これを人に薦め得る確信を得たのである」と結論づけた。これは、飯田下伊那が県内で最も多くの開拓団を送り出す道筋が作られた出来事の一つと言われている。

河野村の筒井愛吉も、満州を二回訪問した。農村更生協会が主催する満州移住地視察団の一員だった。この視察で満州移民の成功を確信する。

筒井茂實は、父・愛吉の影響を受け、農業高校を卒業すると地元で満州の農業を研究する会にも顔を出すようになる。

「それまで飯田下伊那の農業技術の勉強をしていたが、満州開拓の勉強をするようになって。満州はいい所だと思って、行きたいと思うようになったんですがね」

そして十九歳の時、満洲へ。開拓団としてではなく、現地で農業の勉強をするためだった。黒竜江省のハルビンにあった開拓指導員訓練所に入所した。将来、開拓団の指導員や団長になる人たちが、三カ月ほど訓練を受ける場所だった。茂實は、零下四〇度にもなる寒冷地での野菜の貯蔵方法や、関東軍が移動する際に持ち運べる凍結野菜の研究に没頭する。その成果は本になり、訓練場の指導員らによって各地の開拓団に広がった。

本は、一冊だけ茂實の手元に残っている。インタビューの合間に、娘の恵子が持ち出してきてくれた。茂實は七十年以上がたち、カビ臭くすっかり黄ばんでバラバラになりそうな本をゆっくりと広げる。見慣れない専門用語と図表が並んでいた。開拓団や関東軍を農業研究で支えた茂實は植民地支配を担ったひとりなのだろうか。穏やかな表情で、いとおしそうにページを繰る姿からは、技術者としての誇りだけが感じられた。

二　村長の日記

河野村開拓団はどのような経緯で送り出されたのか。重責を担った村長・胡桃澤盛《もり》の日記は、飯田市歴史研究所に眠っていた。戦後六十年を機に、盛の長男・胡桃澤健《けん》が寄贈した。連絡を取ると、健は飯田市歴史研究所に出向いてくれた。後に分かったことだが、自宅にマスコミ関係者を入れるのを嫌ってのことだったらしく、その後も写真や資料を借りにいくと、玄関先で用を済ませることになった。盛が自ら命を絶った部屋に入れてもらえるのは、ずいぶん後のことだ。

寄贈された日記は閲覧できる状態になっている。ただ、どのように使おうとしているのか、健から何度も説明を求められた。盛は開拓団を送って集団自決に追い込んだ張本人であり、その罪を糾弾するつもりではないのかと疑っていたという。河野村開拓団の取材は始まったばかりで、取材者として信用されていなかった面もあるだろう。そうした反省はあるとしても、語ることがいかに困難を伴う行為なのか、わずかながら肌感覚として腑《ふ》に落ちるようになっていた。

当初、日記を読むことは不可能ではないかと思うほど判読が難しかった。手書きで崩したような書体が続き、文字は旧仮名遣い。ここでも飯田市歴史研究所の齊藤俊江に力を貸してもらうことになる。不思議というか、さすがというか、苦もなく読み進める。日記は十代から死の直前まで二十四年分の膨大な量があり、齊藤のガイドで開拓団について書かれている箇所を中心に読むことにした。

六十年以上前の破れそうな日記帳、戦争が激化してくると物資の不足からか和紙をとじたものもある。ほぼ毎日書かれている日記と格闘しているうちに、なぜか自分でも少しずつ読めるようになっていく。判読することで精いっぱいだった時には感じなかった、当時の盛の息遣いと視線を想像しながら読み進める。

盛の家は地主だった。父親を早くに亡くし二十七歳で家を継ぎ、その後、村議や助役を務め、わずか三十六歳で村長になる。前の村長が病気で亡くなった後、なり手がいないなか引き受けることになった。

村長になった一九四〇年、政府は分村移民を推し進めていた。一家全員で開拓団として移民し、満洲に分村を作る。送り出した母村では、残していった農地を分けて一戸当たりの所得を増やすことができる仕組みだ。さらに、分村する村には、政府から交付金や低金利の貸し付けなど助成もあった。村の経済の建て直しを移民送出の大きな原動力にしようという狙いだ。

しかし、分村は全国で行き詰まっていた。世界恐慌の後、いったんは落ち込んだ農家の収入は、ほぼ恐慌前の水準に持ち直し、農村の経済は徐々に上向いていた。戦争の激化は軍需景気をもたらし、飯田下伊那でも中京方面の工場を中心に求人が増え、若者たちの就職先が確保されるようになる。満州へ渡る最大の理由が薄れていた。

満州開拓団員の募集に、滝川書記と共に出掛ける。中々おいそれとは出来ない。社会情勢が数年前とは著しく変わっているから。事変処理の点から云っても、どんどん満州を固めなければならぬ事情は切迫しているのだが。

一九四〇年三月一日の日記が指しているのは、分村ではなく下伊那郡として計画していた集合開拓団への募集のことで、経済事情を背景に難しくなってきた状況が記されている。ただ、満蒙開拓の意義、すなわち戦争遂行のために必要不可欠であるとの認識を持っている。当時、満州は日露戦争で日本が得た権益であるとの理解が一般的だった。日露戦争では、長野県からも約二万八千人が動員され、二千人余りが戦死したり病死した。先達の尊い血の代償として、満州は日本が支配して当然との考えが支持されていた。こうした世論も背景に、政府や軍は「満州は日本の生命線」とうたい上げ、権益の保守を「自衛のため」と詭弁《きべん》を弄《ろう》し、侵略や植民地支配を正当な権利であるかのように装っていた。

盛も事実を省みることなく、世論を支持していたのではないか。さらに村の事情もあった。村の経済が上向いているとはいえ、人口に対して農地が少ないことに変わりはなく、「当村においても近く相当数の開拓民送出をおこなわねばならぬ事は目前に迫った急」と考えていた。一方で、現地から伝わってくる開拓団の様子については、疑問を抱いていることが窺える。

自分の仲間だけで各府県毎に各村毎にブロックを作って割拠している様で、はたして中国人と共に生きて行く様な事が出来るだろうか。今の状態で進んだら、一人ひとりが自己のみ生くる様の型を取るに至るだろう。為政者たるもの一つの見識を以って眼前の事象に因れる事なく大局を掴んで行かねば明日の日、如何なる暗礁に乗り上げぬとも限らぬ。

（一九四〇年五月五日）

「王道楽土」や「五族協和」という理念を掲げる満州国そのものは肯定しながら、開拓団のあり方を問うている。筒井愛吉をはじめ、満州の農業に可能性を感じていた村の有力者を中心に、開拓団送出の機運が高まるなか、盛は慎重な姿勢を示している。

此の問題には、容易ならぬ困難さがあると思う。感激や一時の熱情ぐらいで完成する問題でない。自重を要すると共に、村議の側でも、事の大小緩急を誤まらぬ様、努力して貰わねばならぬ。

（一九四二年七月十三日）

盛は、開拓団の意義に共鳴しつつ、しかし、どこか浮ついた勢いだけの開拓団の現実に疑問を持ち、河野村を取り巻く状況に目を配りながら、開拓団を送るべきか否か、その是非を計りかねていた。

当時、太平洋戦争開戦により、日本本土でも満州でも食糧増産が急務となっていくなか、一九四二年に政府は新たな施策を打ち出す。

「大東亜建設ニ伴フ人口及民族政策ノ根本趣旨ニ即応シ日満ヲ通ズル主要食糧自給力ノ充実確保ヲ実現スル」――。

戦争遂行のための農村、皇国農村の建設だった。筒井茂實は、当時の様子を伝え聞いていた。

「河野の水田が八〇町歩（引用者注：約79・3ヘクタル）あって、その水田には一輪車でやっと通れるくらいの小さい道しかなかった。それが県の指導で皇国農村というモデル農村をつくった場合には、農道を拡幅したりする補助を県でするから、皇国農村をつくれと下伊那の地方事務所から指導があった」

皇国農村の指定を受けると、県が補助金を出して食糧増産などを目的に、戦争遂行のために農村を整備する。ただ、いくつかの条件を満たすことが必要で、その一つが分村移民だった。盛の元に地方事務所の職員がたびたびやってくる。下伊那郡は、政府が重点的に開拓団送出を進めるための特別指導郡に選定されていた。

拓務課伊東氏、来村。開拓団送出の件、地方事務所としては、特別指導郡たるの責任上、分村計画を何でも入れて行きたいとのこと。

（一九四三年六月十日）

開拓団を送るべきか否か。逡巡の日々を過ごす盛にとって、皇国農村の話は、決め手の一つになる。一九四三年十月二十一日、村の事業として分村移民を進めることを決意する。この年の終わり、皇国農村の指定を受け、農村整備事業が始まる。開拓団の団長は、推進の先頭に立ってきた筒井愛吉が任命される。六十五歳と高齢だったが、村人の信頼を集めており、指導者としても申し分なかった。

河野村開拓団のもうひとりの生存者を訪ねた。久保田諌は、この時七十九歳。集団自決を生き延びた人の中で、ただひとり、当時のことを語れる。古いアルバムを取り出し、一枚の写真を見せてくれた。畑の中で青年たちに混ざって満面の笑みを浮かべる十五歳の少年。自宅に送ってあったため残っていた満州での唯一の写真だ。

家は、小作農と運送の仕事をしていた。七人兄弟の次男で、河野村の分村の話が持ち上がった当時、十四歳。開拓団は十八歳以上が条件だったため、期限付きで開拓団の仕事を手伝う勤労奉仕隊として、一年間、満州へ行くよう勧誘を受けた。一年くらいならよいだろうと軽い気持ちで承諾したところ、しばらくして開拓団員として満州へ行ってくれないかと話を持ちかけられる。父親は一家で満州へ行くつもりはないと断ったが、開拓団の副団長に決まっていた懇意にする議員が再三やってきて、十四歳の少年ひとりでもいいから開拓団に参加してくれと迫った。河野分村の募集は難航していた。満州へ行く経済的な理由も薄れた。満蒙開拓の成果が大々的に宣伝されているとはいえ、異国の地へ移り住むことへの不安も大きい。久保田は一晩考えて説得に押し切られる形で参加を決めた。父親は特に反対しなかった。次男だった久保田は、いずれは家を出なければならず、土地がないので分家というわけにもいかない。

　年齢も条件を満たさず、家単位で移住する分村でありながら、少年ひとりでの参加を認めたことが、募集の困難さだけではなく、すでに満蒙開拓団という国策そのものが破綻寸前にあったことを窺わせる。それでも国は一度決めた国策を情勢に応じて再検討することも、その過ちを認めて撤回することもなかった。掲げた目標数値の達成そのものが目的になっていた。

　一九四四年五月、河野村開拓団の本隊が現地に渡った。満州の首都だった新京（現・長春）からわずか十二キロ、吉林へ向かう街道沿いの肥沃な土地だった。ハルビン開拓指導員訓練所にいた筒井茂實が、胡桃澤盛から連絡を受けて、入植の段取りをつけていた。団員の男性たちがそろい、家族を呼び寄せるために農作業や村づくりに精を出す。

　久保田は大人に混じって汗を流した。体力的につらいこともあったが、目の前の広大な大地が、疲れや苦労を癒してくれた。五月の満州は花の盛りで、特に目を引いたのは自生するアヤメの美しさだった。電気はなくランプの暮らし。小さな開拓団だったので、隣の開拓団の青年学校にも通った。広い耕作地は農耕馬を使ってのんびり耕し、野菜は驚くほどの収量があった。仕事を終えるとみんなで集まり、村の将来や、家を新築して満州各地へ旅行に行く夢を語り合った。

　五十町歩（約49・6ヘクタール）の土地は、開拓団としては小規模だった。場所もソ連国境に近いわけではない。河野分村の役割は、戦争の激化で日本人が急増し、食糧が不足していた新京へ、野菜などを供給することだった。五十世帯が入植する計画は結局、人が集まらず、二十五世帯九十五人になっていた。河野村は勤労奉仕隊を派遣して開拓団を支援した。初年度の収穫は順調に進み、胡桃澤盛のもとにもその様子が伝えられた。

　　参加団員に良質の壮年層を得、其の後、予想以上の成績にて進展。十一月、隊員、家族招致に来村し、報告に伝るも団は極めて順調に建設を進めつつあり。
（一九四四年十二月三十一日）

年が明けた一九四五年一月、開拓団の家族も満州へ渡った。ハルビンの開拓員訓練所にいた筒井茂實も合流した。団の幹部として、それまで研究してきた満州での農業を指導する。訓練所の時代に寮母をしていた治代と結婚していた。ただ、日本にいた治代を開拓団に呼び寄せたのは七月の初めだった。二人の子どもとおなかにもうひとりがいた。実は、戦況が悪化するなか、七月二日に、満蒙開拓を管轄する大東亜省は「現戦局下における満洲開拓政策緊急措置要綱」を出して開拓団の送出を中止する決定をしていた。それでも国内の混乱を反映してか、制海権を失った危険な海を渡る人々がいた。

満州でも予期せぬ出来事が起きていた。ようやく家族もそろい、河野村開拓団が本格的に動き出そうとしていた矢先、茂實は突然召集され、満州に来たばかりの家族を残して兵役に就いた。開拓団へ行けば兵役はないと言われていたが、次々と召集されていく。

「荷物を運んだりする兵隊だけど運ぶものが何も無くて、武器も無くて、穴を掘るくらいで仕事は無かった。こんな者を召集したって何にもならないと思ったけど、しょうがないと思って」

日本の敗戦が濃厚になっていた。五月三十日、大本営はひそかに満洲の四分の三を放棄することを決め、関東軍の主力を南方戦線へ移動させていた。手薄になった関東軍は開拓団から兵士を補充した。成人男性が根こそぎ召集されていく。

一九四五年八月九日、事態は急変する。ドイツ降伏から三カ月、ソ連はヤルタ協定でのアメリカとイギリスとの密約に基づき、満州へ軍事侵攻した。八日に日ソ不可侵条約を破棄して日本に宣戦布告したのだ。大本営は既にソ満国境の防衛を放棄して、満州全土を戦場にして持久戦に持ち込む作戦をとっていた。しかし、作戦の秘密保持のため、現地の開拓団や民間人には知らされなかった。

八月九日の大本営の命令書によれば、ソ連軍の侵攻に対して関東軍に与えられた任務は朝鮮の防衛だった。関東軍は満洲から撤退を始め、開拓民は置き去りにされた。

三　集団自決の夜に

八月十五日、河野村開拓団に残っていた男性は四人。あとは団員の家族で、その七割近くが子どもだった。近くの開拓団から日本敗戦のニュースが届く。久保田諫は事態が緊迫していく様子をよく覚えている。

「どこからともなく何百人という人が集まってきて、ひとりの兵士が馬に乗って走ってくると空へ向けて拳銃をぶっぱなして、ときの声が上がって暴動が起きたんだ」

開拓団に残された七十六人は中国人に囲まれていた。久保田は、当初、入植地が既耕地であることに疑問を持ったが、日本の公設企業である満州拓殖公社が現地の住民から安く買い取り、半ば強引に立ち退かせていたことを知らずにいた。彼らの一部は、開拓団の小作として働き、日常生活では交流もあったと語った。しかし、日本の敗戦が分かると中国人の報復の矛先は、無防備な開拓団に向けられていく。

「八月十五日の晩は身の回りの物を持って避難したけど、十六日の夜に暴動が起きた時は、そんなもの持って逃げようと思っても取り返されて、着のみ着のままでたたき出されてしまった」

広大なトウモロコシ畑のほかに身を隠す場所はなく、すぐに見つかり服も奪われてしまう。取る物がないと分かると、これまで抑圧されてきた住民たちの怒りは、開拓団の責任者である六十七歳の団長・筒井愛吉へ向けられた。

「団長は気の毒なほど暴力を受けている。年寄りだから余計に抵抗力がなくて、もう虫の息だった。苦しくて、やっとしゃべれるくらいで『俺はもう駄目だから早く楽にしてくれ』って言い出した。とにかく『俺を楽にしてくれ』と訴える一方だった」

幹部の妻たちの話し声が聞こえてきた。

「これで逃げていくわけにはいかない、団長さんが、ああ言うんだから、とにかく言う通り、楽にしてやりましょうよ」

異を唱える者は誰もいない。

「できるだけの人が手をかけて、団長の首を絞めて息の根を止めて楽にしてやったんだ」

団長を亡くした開拓団は追い詰められていく。当時は、捕虜になって命乞いするよりは、潔く死を選ぶことが尊い生き方と教えられていた。天皇の赤子たるもの、辱めを受けるよりは死を選べと。暗闇が覆い、若い母親たちに狂気がまといつく。

「『お父さんは戦死したんだから、日本は駄目なんだから、お父さんのところへ行きましょう』と言って、幼い子どもに手を合わせさせると、母親が後ろから帯紐《ひも》やもんぺの紐で首絞めて。反対する人はいなかったな。『それでも何とか逃げていきましょう』という声は耳にしていない。お互いにわれ先にと自分の子どもを殺し始めたんだ」

久保田は何が起きているのか理解できず、呆然《ぼうぜん》としていた。

「しばらく考え込んでいたら叱られたんだ。『何しているんだ、早く手伝ってくれなくちゃ、また中国人が来たり、夜が明けてしまう』って叱りを受けて。仕方なしに、お手伝いを始めたんだ、子どもの首を絞める」

どれくらいの時間がたったのか、何人ぐらい手にかけたのか、感覚はない。母親と子どもが息絶えると、最後まで残った青年と石で額を叩き合い自決を図り、意識を失う。翌朝、瀕死のところを中国人に助けられ、二人とも生き延びた。一週間ほど泥水をすすりながら野宿して新京に出る。その後、難民収容所で冬を越し、鉄道工事などの仕事を転々とする。もうひとりの青年は病に倒れ、引き揚げの時を待たずに亡くなった。

召集されていた筒井茂實は奉天（現・瀋陽）で敗戦の知らせを聞いた。開拓団が心配で脱走を決意。歩哨に志願して、隙をみて次の駅まで歩き、列車に乗って新京まで戻った。脱走は見つかれば銃殺だった。覚悟の上で行動を起こし、父親と妻子がいる開拓団を目指した。新京で久保田らと再会し、家族の最期を知る。

「関東軍が終戦間際に『関東軍は盤石の安きにある。国境付近の開拓団は安心して生業に励め。必ず開拓団の団員は田畑を守って農産物の栽培に一生懸命やってくれ』とラジオ放送で指令をやっておきながら、開拓団の男を全部召集して女と子どもと年寄りだけ残して、どうにもならない。だから関東軍はでたらめだっていうんだ。戦争しても武器も何もない、開拓団の者を召集しても、ただ穴掘っているだけ。そして残った者は、みんな死んじゃった。そういうことがなければこんな惨めな死に方はなかった」

これは満蒙開拓を語り継ぐ会で、齊藤俊江が聞き取りをした時のテープに残されている証言だ。普段は温厚な茂實が怒りを抑えられないとでもいうように、その声は震えていた。

満洲の悲劇は、なかなか日本には伝わらない。胡桃澤盛が情勢を聞いたのは敗戦から一カ月が過ぎた九月半ばだった。

満鮮方面の状態悪化の模様。分村の人達のこと案じ、夜も最近眠られず。

（一九四五年九月十五日）

満州に在る同胞の事、いよいよ憂慮を伝えられる。多数の村出身者についても、健在ならんことを、祈ってやまぬ。

（一九四五年十一月二十六日）

筒井茂實や久保田諫も含めて、開拓団員は満州にいた。やがて、そのほとんどが命を落としたらしいという知らせが耳に入る。国策だったとはいえ、送り出したのはこの自分ではないのか。悔恨と自責の念、深い喪失感と孤独が盛を苦しめていく。

一角の指導者面してた時の自分には、人の前に立って語るだけの自信があったのに、今日の自分は自分一人だと扱い兼るつまらない人間になっている。此の迷いの中から動かざる何物かを把握し得たなら、それは幸であるが、そんなものがあるのかどうか。善悪に関せず強い者が勝残こり、気の弱い正直者は滅し去るのか。それとも正直者が生存し続けて行け、正しからざる者が成敗されゆく日があるのか。悩みは解けない。

（一九四六年七月七日）

分村移民とは何だったのか。戦争が終わり、急激な価値の転換に見舞われていた。敗戦から一年がたとうとしていた一九四六年七月二十七日、盛は自宅で自ら命を絶つ。四十二歳だった。

四　刻印

その年の秋の初め、筒井茂實は他の開拓団員と引き揚げ、帰郷した。農業のかたわら、中国への慰霊や遺骨収集などの先頭に立ち、中国残留日本人の帰国を支援し、村での生活を世話してきた。

床に伏しながら語る茂實を見て、娘の恵子は、寝込んだのちにお客さんと話すのは初めてだと驚いた。必死に記憶を手繰り寄せ、時に遠くに目をやりながら、穏やかな口調で語り続ける。満州での農業のことには冗舌でも、集団自決について質問すると急に言葉を失い、体をこわばらせる。それからは何も話そうとしなかった。恵子が心配そうに見守っている。

「語らなかったけれど、父親や奥さんや幼い子ども、戦争で死んだ人や満州で自決してしまった人や、みんな死んでしまったことについて、父はずっと頭から離れなかったと思います。時々、よく夜、うなされることがあって、障子の骨も破ってしまったことがあるくらい、何度もうなされる夜があって」

恵子は言葉を続けることができない。床に就く茂實は、時折、目を開けて天井をじっと見つめている。記憶に刻まれているのは農業に明け暮れ、希望に輝いていた満州での暮らしなのか。悲劇を奥底に仕舞い込み、残された時を生きていたのかもしれない。

久保田諫が引き揚げ船の情報を得て村に帰り着いたのは、敗戦から三年がたった一九四八年の夏。それは苦しみの始まりでもあった。家族は誰も迎えに来ない。父親も「よく帰ってきた」とは言わなかった。食糧難でもあり、分家のつもりで満州へ行かせていたので、口には出さないが「なぜ帰ってきたのか」と詰問されているようだった。村人たちの引き揚げ者への態度も冷たい。苦労話をしても「何を言っているんだ」と相手にされない。村を挙げて送り出した開拓団は、帰ってくれば厄介者扱いだった。

集団自決の話は誰も口にしない。引き揚げてきた開拓団員は、自決した妻子のことを心の奥にとどめ、新しい家族を築き再出発した。久保田を責め立てる声も聞こえてこない。戦後、村のなかで、この事実を口にすることははばかられた。わずかでも責任を問う声を上げたり、恨みつらみをこぼしたりすれば、たちまち村の人間関係は破綻する。送り出した側も送り出された側も、同じ村で生きていくために、心に鍵をかけなければならなかった。

戦後五十年が過ぎ、満蒙開拓団への差別の根深さを象徴する出来事が起きた。毎年八月十五日に開催される村の慰霊祭は、軍人遺族会と開拓団が別々に開いていた。高齢化が進み、村長の発案で、合同慰霊祭を開催する話が持ち上がった時のことだ。軍人遺族会から異論が出た。「父親や祖父は、お国のために戦って命を落とした。好き勝手に行って死んだ満州の奴らと一緒にできるわけがない」と激しい口調で言われたという。この話を聞いて、さすがにうんざりしたと久保田は心底残念そうに語った。国策の過ちは自己責任にすり替えられ、満州へ行った人と行かない人、軍人なのか開拓民なのか、戦後の村社会は分断され、そこに差別が生まれた。

村を見下ろす小高い丘に、戦争犠牲者の慰霊碑がある。筒井茂實が村に働きかけ、建立に尽力したものだ。久保田は、毎年八月十六日、ひとり、自決した人たちの名前が刻まれたこの碑に線香を供えて手を合わせる。

「大勢の命を奪ったという自分の後ろめたさというか、どこかで『お前は大勢の人殺しじゃないか』って指をさされるような気持ちになるときもある」

言葉を飲み込むようにうつむく久保田に、残酷な質問をした。

「戦争という極限の状態、そこが戦場であれば、人の命を奪うことは許されると思いますか」

蝉《せみ》の声だけが響く。答えはない。何かを言おうとして目を上げるが、そのまま沈黙が続いた。聞かれるまでもない。繰り返し自分に問いかけてきたのだ。どんな答えを出しても、この苦しみから逃れられないことは分かっている。それでも河野村の悲劇を語ろうとするのは、なぜか。生き延びた者の使命感なのか。それだけではないだろう。自らに責苦を課しながら、無かったことにできないあの夜と向き合い続けているようにも見えた。


満蒙開拓の闇は暗さを増していく。夜の向こうに轟《とどろ》く荒々しい海のような激しさはなく、波紋一つない暗い水面が静かに口を開けているような不気味さをたたえて、どんなに目を凝らしても、わずかな陰影すら見分けることができない。その汀《みぎわ》に佇《たたず》んだ時、はるか向こうの岸辺をうなだれて歩く人々の葬列から、押し殺したような声が漏れ聞こえる。この光も届かない得体の知れない暗闇に踏み出す勇気と覚悟が、お前にはあるのかと。

第二章　忘れられた少年たち

一　中国への道

　中国黒竜江省を北へ向かっていた。牡丹江駅から乗った特急列車は、かつて少年たちが胸躍らせながら来た鉄路を走っている。どこまでも続く沃野に沈む大きな夕陽とは違い、川沿いに続く湿地帯に薄暮れの淡い光が反射している。大きな荷物を抱えて子どもを叱る母親や携帯電話で早口にしゃべる若い女性の声が響き、定型のアナウンスとともに狭い通路を行き来する車内販売のどこか投げやりな声音が重なる。気づいた人たちは、不思議そうな表情を見せはするが、ボックス席で日本語を話す四人の老人に頓着する人はいない。

　窓の外に続く赤茶けたレンガ造りの家々を眺めながら、八十歳の須田光司は、何かを追うように車窓の後ろに流れる景色に目をやる。何を見つけたのか、見つからなかったのか、視線を戻しながらつぶやいた。

「変わったな、ずいぶん変わった」

　二〇〇九年九月、戦後、何度目の訪中になるのか。戦火を生き延びた仲間たちと、最後にもう一度、亡くなった友達を弔いたいと、少年時代の道を辿る。高齢でもあり、これが最後の慰霊の旅になるだろうと感じていた。

須田の家は、長野県の北部の山ノ内町にある。全国的には志賀高原や湯田中渋温泉郷で知られている。山裾のなだらかな斜面が川へ続くわずかに平坦な土地に住まいがあり、農協を退職した後は近くの畑で野菜作りをしている。膝の痛みがあって歩くのも座るのもつらそうだが、奥の部屋から古いアルバムを持ってきてくれた。目当ての写真が思っていた所にないのか、首を傾げながらページを繰る。ようやく手を止めると、一枚の白黒写真に目を細めた。

「これが家を出発するときの写真です」

幼い顔に似つかわしくない軍服のような装いに、手には満州国の国旗を広げている。十四歳の須田を両親や姉弟が囲んでいた。

満州国へ五百万人の日本人を入植させる「二〇ヵ《ママ》年百万戸送出計画」は、一九三六年に閣議決定され、国策として進められていた。単純計算でも一年で二十五万人という無謀な目標だった。計画達成のためには成人男性とその家族からなる満蒙開拓団だけでは限界が見えていた。一九三八年、政府は新たな国策を打ち出す。満蒙開拓青少年義勇軍。数え年で十六歳から十九歳の子どもたちを集め、毎年一万人以上を送り出す計画だった。

募集のチラシには、満州へ渡る費用はすべて政府が負担することや持ち物もわずかで済むことが記され、子どもや家族の不安を打ち消すような勇ましい言葉が踊る。

「これは国策中の国策であり、後盾てにあるものは皇国日本である。国家に一身を託す程、間違いのない事はない」

須田は、八人兄弟の三男で、家は小作農。わずかな土地を耕し生計を立てていた。学校に通いながら弟や妹の面倒を見て、農業も手伝う毎日。秋になると、自分の家で取れた米を地主のところに届けることに、どうしても納得ができなかった。それでも世の中の仕組みだから仕方ないと諦めるしかなかった。義勇軍の話を聞いたのは、国民学校の最終学年の時だった。

「ちっぽけな畑や田んぼやっていたって、家にはほとんど自分の田畑ってのはないんだからね、みんな小作で。衣類だって、ほとんどつぎはぎだらけ。食いたくても食糧はないもんだからね。土地を分けてもらって、分家というわけにもいかない。だから、いっそのこと満州へ行ったほうが何とかなるだろうと」

募集は組織的に行われた。政府は県へ人数を割り当て、県は学校にノルマを課した。長野県では、教員で作る研究団体・信濃教育会が大きな役割を果たす。学校に対して絶大な力を持っていたからだ。募集は簡単ではなかった。国の後ろ盾があり、集団生活とはいえ、見知らぬ土地、しかも海を渡って外国に行くことへの不安は簡単には打ち消せない。信濃教育会が募集を担当する教師の意見をまとめた資料によると、最大の課題は家族の反対で、特に母親を納得させることが難しいとされている。須田の母親も反対したが、真剣な気持ちを伝えて自ら説得する。

「母親は近所に借金にまわって、苦労していたようです。そういう姿を見ていたから、じゃ義勇軍に行けば、二十町歩の土地がもらえるから、こんな苦労しているよりもいいだろうと。いずれは、親を呼び寄せて、満州でうまく暮らせばいいやと。そんな気持ちを伝えましたね」

戦争の激化で、開拓団同様、募集は困難になっていく。軍需工場などの求人も増え、学校を卒業した子どもたちは家を出て仕事に就くようになる。県は、信濃教育会に通達を出し、必ず割り当て人数を確保するよう強く要請した。各学校へのノルマは厳しくなり、教師が必死に勧誘する。

一九四一年の調査では、応募理由の五四％が教師の勧めによるもので、次いで本人の希望が三九％と続く。須田が応募したのは国民学校を卒業する年、一九四四年だった。

「不安がないって言えば嘘になるけどね、自分で行く気になっていたんだから。大東亜共栄圏なんて言って、はしゃいでね。とにかく日本が、日本人がすべてだと。もう希望に燃えてね」

その年の三月、長野県の北部から集まった総勢二百人は、中隊長の名前をとって、頓所《とんどころ》中隊と呼ばれた。中隊長をはじめとする幹部は教師が務めていた。副隊長だった池田福治は、二十三歳で、中隊の幹部の中では少年たちに近い年齢だった。百人規模の集団を率いて満州へ行くことをためらう教師が多いなか、池田は大きな可能性を見いだしていた。

二〇〇九年八月、八十九歳の池田は体調を崩しがちだったが、短い時間ならと取材に応じてくれた。

「教育というものは学校の八時間や六時間の授業や、子どもを預かっているだけで人間形成ができるわけじゃないんだと。義勇軍に行けば、子どもたちと生活を共にして、一緒に生活するなかで、自分が考えているような『道を共に歩く』機会が多いんじゃないかということで、志望したんですけどね」

太平洋戦争が始まると、満蒙開拓青少年義勇軍は人員確保のために年齢が引き下げられ、ほとんどが国民学校を卒業したばかりの十四歳から十五歳の少年だった。日本での訓練を終えた六月半ば、頓所中隊二百人に満州行きの命令が下される。新潟から船で朝鮮へ渡り、列車で勃利《ぼつり》に向かう。

二〇〇九年九月、須田は勃利駅に立っていた。戦後、何回か中国を訪れているが、勃利まで来るのは六十五年ぶり、引き揚げてから初めてだった。土埃《ぼこり》が街並みを覆い、車のクラクションがけたたましく鳴り響く。当時の面影はない。まなざしの先には何があるのか。

「この勃利《ぼつり》という二文字は、忘れることができない。とうとうここまで来たかという感情だね、さあ、これからっていう。」

十四歳の夏、初めて降り立った満州の大地。二百人の子どもたちは五十キロ離れた訓練所を目指して、一昼夜の行軍に出発する。

勃利訓練所は、総員三千人。満州屈指の大規模な訓練所だった。農業や建築、満州で生きていくための技術を学ぶ毎日。生活は自給自足、すべてを自分たちでまかなう。三年の訓練を終えれば開拓団へ移行して、家と土地を持つことができた。希望に目を輝かせる須田たちに、訓練所の目的は知らされていない。

勃利訓練所の概要をまとめた当時の文書には「元々、治安が悪い地域で、日本人が住める場所ではなく、匪賊の巣窟だった」と記されている。そこにあえて訓練所を建設し、少年とはいえ千人規模の集団を配置した。しかも、生活は軍隊式で、日課には軍事訓練もあり、銃も携行していた。現地の住民にとっては脅威になり得たに違いない。

須田は、目の前にある広大な耕作地について何も疑問を感じなかったと話す。開拓団や義勇軍の先輩たちが開拓した土地だと信じていた。

勃利の村に、当時を知る人がいると聞き、訪ねることにした。九十一歳の楊子栄は、握手を求め、にこやかな表情で自宅に迎え入れてくれた。戦争中の話を聞いても、悪いのは日本の軍国主義で日本の国民は悪くないと再三にわたり力を込めて語った。それでも当時の様子を具体的に聞いていくうちに、次第に顔をこわばらせていく。

「ここは私たち中国人が耕作した土地ですが、強要されれば渡さなければなりませんでした。日本人は、お金も払わずに中国人を追い払いました。どこに行ってもいい、あとは知らない、関係ないと」

楊の家は日本人に雇われて村にとどまったが、追われた農民は、親戚を頼って別の土地に行くか、人が住めなかった痩せた土地を開墾して、貧しい暮らしをしていた。村に残った楊一家が安泰だったかというと、そうではない。

満州で日本の軍事を担当していた関東軍は、各地で中国人を連行して、さまざまな軍事施設を建設していた。関東軍の拠点の一つだった黒竜江省の林口には、街全体を見下ろす山が丸々要塞になっている場所がある。司令部や倉庫、兵舎、砲台の跡は、崩れかけているとはいえ、当時の支配者の力を思い知るには十分だ。地下壕《ごう》は山一つを網の目の様につないでいるという。東京城は関東軍の主要な飛行場があった町で、畑の至る所に陶製の甕《かめ》のようなものがかぶせてある。一帯の地下には毒ガスや化学兵器の残骸が埋められたままで処理できていない。

楊の村にも、山を要塞にした場所が残されていた。入り口の重厚な鉄の扉が施設の規模や重要度を伝えている。作業に当たった中国人は完成後、機密保持の目的で殺害されたとの話がある。住民が労働を強要されたのは、軍事施設だけではないと話す楊の目の色が明らかに変わった。

「捕まった人は、炭鉱で働かされました。電流の通った有刺鉄線で囲まれていて、石炭を採るための坑道を掘っていたそうです。私の兄も連行されて、そこで死にました」

話を聞く須田に、一瞬、向けられた楊の鋭いまなざし、そして沈黙。日本人を許せるのか、楊は「理解はできる」と曖昧に答える。楊の表情に見え隠れする怒りに、須田は言葉を失った。

「その時、少年だったとはいえ、自分たちもその一員だったってことは隠すことはできない。中隊にいてもね、中国人を訳の分からない因縁をつけて殴ったこともありますよ。中国人や朝鮮人は、別の人間という意識は持っていましたね」
貧しい自分たちが満州で地主になる。その夢は、中国の農民の犠牲の上に成り立つものだった。

一九四五年三月、須田たちは、突然、勃利《ぼつり》から移動を命じられる。現在の密山市にある場所で、新たに建設が進む東安訓練所だった。すぐ近くの興凱湖には、ソ連との国境があり、国境警備隊が駐屯していた。湖には時折ソ連軍の軍艦も姿を現し、戦場の最前線にいるような緊迫した空気が漂っていた。

湖に近い湿地帯は思うように作物が育たず、六月には大雨で畑が流され、野菜が全滅した。食糧は底をつき、草を食べて空腹を満たすようになる。副隊長の池田福治は、少年たちを一番身近で見ていた。

「自分が満州へ行くときに、親から用意された新しい着物や衣裳を、満州人が持ってくる食べ物と交換したりするようになってね。恐らく疲れたと思うんだが、苦しかったと思うんだが、我慢して一生懸命やっている姿が何か痛々しく。これでいいのか、いやこんなことじゃなかったという思いの方が強かった」

義勇軍の訓練所は、大小合わせておよそ百カ所。その七割近くが、北東のソ連との国境近くに置かれていた。太平洋戦争末期、関東軍が次々と南方戦線へ送られるなか、大本営は一九四五年五月に防衛地域の縮小を指示して、満州の四分の三を放棄する作戦をとる。この時点で、義勇軍の目的は、手薄になったソ連国境の防衛に重点が置かれ、配置から見てもソ連軍に対する盾の役割を担っていた。

二　これが人間なのか

その日、須田は、激しい砲撃の音に震え上がった。戦闘機が上空を通過していく。国境警備隊からの連絡で、戦争が始まったことを知る。満州へ来て一年余りがたった一九四五年八月九日。ソ連軍が国境を越えて侵攻。訓練所は、国境を接する興凱湖の近くで、湖の上に配備された軍艦から砲弾が撃ち込まれたのだ。

「私たちは小さいからというので荷物を全部馬車に積んだわけ。一晩ともたないうちに馬が鞍ずれを起こしてしまって、一晩のうちにありとあらゆるものを失った。生きる目的というものはないんだから、ただ歩くだけで。何とか生きようと、その日その日を生きようというそれだけだね」

列車に乗ろうと四十キロ離れた東安駅へ。一昼夜の行軍の末、眼に入った街は、真っ黒な煙に覆われていた。東安駅爆破事件。開拓団の人々を満載した列車が爆発に巻き込まれ、千人近くが犠牲になった。全身にやけどを負った人、顎が落ちかけている人、生き延びながら苦悶の表情でさまよう人たちが向ける目を、須田は忘れることができない。東安駅の爆破は、いち早く南下を始めていた関東軍が、ソ連軍の侵攻を遅らせるために実行したとも言われている。

須田たち二百人は状況が分からないまま、関東軍に合流しようと南へ向かう。勃利、林口、牡丹江、主要な町は、すでにソ連軍が制圧していた。山中に身をひそめながら、逃避行を続ける。訓練所を出てから二週間がたった日、戦車に囲まれた。ずっと冷静だった中隊長も「明日は玉砕だ」と大きな声を上げる。少年たちは、もったいないからと言って、食糧をすべて食べてしまう。この時は運よく逃げ延びたが、さらに地獄が待っていた。川に出ると、橋は爆破されている。関東軍が逃げる時間を稼ぐために、開拓団や義勇軍が避難していないにもかかわらず、各地の橋を落としていた。後ろには、ソ連軍が迫っている。手ぬぐいや脚半をつないでロープを作り、やっと顔を出せるほどの深さの急流を命がけで渡る。

最短で確実に南へ向かうために、線路沿いを歩く。連続した低い音だけが近づいてくる。緩やかな丘陵地帯から、突然、低空で迫るソ連軍の戦闘機が目に入る。その瞬間、すでに頭上に来て、長い隊列めがけて旋回しながら機銃掃射を繰り返す。その時は無我夢中で隠れる場所を捜し、身を伏せる。やがて、遠ざかる戦闘機の音に変わって、あちこちから悲鳴が聞こえてくる。少年たちを率いていた副隊長の池田福治は、まるで生き地獄だったと振り返る。線路沿いを歩けば、ソ連軍の機銃掃射の標的になる。逃げ場を求めて、さらに深い山に分け入る。

休憩中の出来事だった。銃にもたれ座り込む少年、木に寄り掛かる少年、みなぐったりしている。眠気も襲う。突然、大きな銃声がして、副隊長の池田は目をやる。

「ひとりの子どもが血を流して倒れていてね。前に座っていた子どもが肩に立て掛けていた銃の安全装置が外れていて、誤って引き金を引いてしまったようで、後ろの木にもたれていた少年が撃たれた形だった。瀕死の状態でね、何とか背負って歩いたんだが、駄目だったね。息絶えて。埋葬もしてやれず、ただみんなで手を合わせて。日本に帰ってから、親御さんには本当のことは言えなかったね」

靴の底は破れ、眠気が襲い、食べ物もない。草や木の芽をかじった。苦くて、渋くて、とてものみ込めない。小休止のたびに、起き上がれない仲間が出始めていた。歩き出した須田の背後から、声にならない叫びが聞こえる。

「友達が倒れて、動けなくても、『連れてってくれや』という叫びを聞いていながら、どうすることもできない。自分だけで精いっぱいなんだから」

振り返らずに、ただ歩き続けた。

逃避行は一カ月に及び、およそ千キロを歩き、東京城近くで敗戦を知る。犠牲者の数は三十人余り。ソ連軍に投降すると、少年たちは幹部と別々に収容された。

須田たちは、北朝鮮との国境に近い延吉に連行される。この時の様子を知っている女性がいた。韓錦子は、東京城と延吉のほぼ中間にある吉林省の村に暮らしていた。そこは朝鮮族の村だった。

朝鮮人の中国への移住は、十六世紀の明朝の時代に始まり、二〇世紀になって日本が朝鮮半島を占領し、満州国を統治した時代に大挙して中国に渡った。中国東北部に住む朝鮮人の人口は、日韓併合前の一九〇七年は七万人余り。一九四三年には百四十一万人ほどで約二十倍。その大半が、日本の満蒙開拓の国策に基づく移住で、稲作にたけていたこともあり、一九四五年には二百万人に上った。

在満朝鮮人は皇国の臣民であるとされ、南方戦線やソ連国境で「日本軍兵士」として命を落とした人もいる。一九四五年の日本の敗戦後も中国にとどまった人のなかで、一九四八年の中国政府の国籍選択によって中国籍を選んだ人が現在の朝鮮族のルーツだ。

韓は須田たちと同年代で当時十四歳。村の国民学校で皇民化教育を受けていたので、日本語を学んでいる。記憶にあるわずかな日本語をうれしそうに披露してくれたが、素直に喜んでいいのか戸惑った。韓が須田たちを見たのは、一九四五年の十月のことだった。

「ソ連軍に先導されて歩いてくる少年たちがたくさんいた。少年二人を三日間泊めてあげたが、彼らはずっと泣いていた。軍服はボロボロで、疲れ果てて足には血まめができていた。食べ物と服をあげた。父は教会の牧師だったので、少年たちを見てかわいそうに思った。朝鮮族は日本人を恨んでいた。それにもかかわらず、父は黙って連れてきた。周囲に知られないように中国服を着せてかくまった。教会では牧師たちが全部で十人くらいかくまっていた。少年のひとりは病気で亡くなり、牧師が抱いて山で丁重に埋葬した」

頓所中隊の中に、この村で匿ってもらった少年がいたこと、彼は無事に日本に引き揚げてきたことを須田は話した。

韓の取材には、中国政府の役人が立ち会いを求めてきた。韓と須田が戦後どのように暮らしてきたのか、お互いの身の上を話していると、突然、撮影を中止するよう言われた。通訳を介して理由を聞いても判然としない。韓は、文化大革命（文革）の頃の話を始めたようだった。毛沢東主席が主導した十年にわたる動乱の文革では、朝鮮族は戦争中、日本の側にいたとみなされ糾弾された。日本の少年たちを助けたことも何か影響があったのか、牧師の父親も対象になった。韓が何をどこまで言おうとしたのか結局分からない。「文革」という言葉が出たことで中止になったと推測された。中国国内で中国共産党への批判が出ることを当局は許さない。

ここで考えたいのは、そのことではない。満蒙開拓の加害性と言う時に、朝鮮族が置かれた複雑な立場と、戦後まで延々と犠牲を強いられ続けてきた事実は、見過ごされてきたのではないだろうか。彼女は、最初に私たちに会った時、とても緊張しておびえているように見えた。小さな村で、日本人が来て話をしているということが、政府に分かると不利益を被るのではないかと。そんなことはないはずだが、戦争中と戦後に彼女に植えつけられた恐怖心は、簡単にはぬぐえないものになっていた。

朝鮮の人々を皇国の臣民として日本化を強要し、満州国へ入植させ、日本の支配の構造に組み込んだ責任は、それ自体が無かったかのように何も語られていない。日本人と中国人というくくりで見てしまう中に、さらに加害の構図が潜んでいる。韓たちは、日本の占領・植民地支配から朝鮮戦争、文化大革命、そして現代まで、支配と服従、分断と迫害の歴史を負わされていたのだ。

一九四五年十月の終わり、須田たちは吉林省の延吉に到着する。冬がすぐそこまで迫っていた。連行といっても脱落者は置き去りにされ、犠牲者・行方不明者は五十人を超えていた。収容所として使われていたのは、関東軍が抗日ゲリラを捕えていた刑務所で、頓所中隊のほか八百人ほどが収容された。

一九四五年八月十四日、日本政府は戦後の在外邦人の扱いを現地に指示していた。極秘の印が押された外務省の文書には、早期の引き揚げではなく、現地への定着の方針が明記されている。敗戦後に予想される国内の混乱、食糧や物資の不足、さらに中国への侵略を諦めようとしない軍部の思惑などが絡み合い、日本人を大陸に残そうとしていた。八月三十日、満州の駐在大使は悲惨な状況を報告し、早期の引き揚げを訴えるが、翌三十一日、政府は改めて現地への残留方針を決定した。満州からの引き揚げを進めようとしなかったのだ。

連合軍総司令部（GHQ）も、軍人や軍属の復員を優先させ、満州の民間人の帰還には着手しない。満州を制圧したソ連軍も、日本人の避難民の生命保護や日本への引き揚げには無関心だった。祖国へ帰ることだけを思って歩き続けた少年たちは、祖国からも世界からも見棄てられたまま、厳しい冬を迎えていた。

収容所は、それまで経験したことのないような寒さだったと須田は記憶を手繰る。

「コンクリートの上にアンペラっていう薄いものが一枚敷いてあるだけで、麻袋をかぶったりして寒さをしのいだ。食べ物はコーリャンのお粥のようなものだけ」

同じ中隊にいた掛川昌夫は、次々に亡くなっていく友達の変わり果てた姿を忘れることができない。

「誰誰死んだぞっていって見たけれど、本当に信じられなかったね。やつれ過ぎて、これがアイツなのか判別できなかったね」

畑順男は、毎日毎日、友達の遺体を埋葬した。

「一メートルぐらい凍っていますからね、だから掘らないで、土をかけて置いてくるわけですよ。そうするとみんな野犬に食い荒らされてしまう」

おやすみと言って眠った友達が、朝起きたら動かない。須田は、次は自分の番なのかと恐怖にかられ、夢中で彼の服をはいで体に巻きつけた。

「普通だったら死人が着ていたのをはいで着ることはしないでしょう、普通ならね。そのときは自分でももう薄着なんだ。零下三〇度という寒さのなかでね、そうやっていかざるを得ないという。自分が生きるためにね」

十二月、別の収容所に移される。川沿いにあった倉庫のような建物で、そこで、早い時期に満州へ渡った先輩による虐待が始まる。

「食べ物は自分たちでとって全部食べちゃう。だから下の方は段々弱っていってしまう。助けようと思って口出せば、貴様！ということだからね。自分の欲のためにね、人を殴ったりする。この収容所のなかで殺された人もおりますよ。チェーンで殴られてね。夜、零下三〇度にもなる外へ縛り付けられて凍死してしまった。悲劇ですよね。そういうようなリンチで、助かる命も助からなかったのが大勢いるんじゃないですか。一番野蛮じゃないの、やり方が。人間性何も持ってない」

義勇軍という名称と軍隊式の生活が、少年たちを疑似的な軍人に仕立てていた。極限の状況のなかで、もはや歯止めはきかず、弱い者同士が欲望をむき出しにする。誰かをいたぶり続けなければ自分の存在を保てない。

須田は、この地獄絵のような収容所を何とか逃げ出す。しかし、少年ひとり、食べ物も夜露をしのぐ場所もない。気がついたときには見知らぬ家にいた。衰弱して倒れていたところを中国人に助けられたのだ。

その恩人、唐仁仙は手厚い看護で須田の命をつなぎ留めた。家族や親族も敵国の少年にもかかわらず、温かく迎え入れた。特に親しくなったのが、唐の妹の子どもだった当時四歳の許傳秀で、兄弟のように過ごす。唐は亡くなったが、戦後も許の家族と交流を続けていた。

須田は、二〇〇一年に許を訪ねた時の写真をうれしそうに見せてくれた。その日は、須田の七十二歳の誕生日で、親族を集めて祝ってくれたのだ。

あれから八年、いつからか連絡が途絶えるようになっていた。〇九年のこの時を最後の中国訪問と決めていたので、再会を心待ちにしていた。しかし、延吉で、許が亡くなっていたことを知らされる。その日は別の予定があったが、いてもたってもいられない様子の須田と許の家へ行くことにした。幸いすぐに連絡がつき、集合住宅にある自宅を訪ねると、許の妻が出迎えた。お互い涙が頰を伝う。須田は会うのを楽しみにしていたこと、ホテルで市の職員から聞き初めて亡くなったことを知ったことを伝えた。

許は、〇六年に病気で他界。六十五歳の若さだった。遺影を前に涙があふれ、こらえることができない。思い出の写真を取り出して、許の妻はやさしく語りかける。

「あなたは元気でよかった。でも彼はもういない。悲しいですね」

墓は、郊外の小高い丘にあった。恩人の唐仁仙も眠る一族の墓地。須田は二つの墓に花を手向け、手を合わせた。

「なぜ待っていてくれなかったのか。本当に弟のような気持ちで付き合ってきたので、本当に残念だなという気持ちでいっぱいです。これで兄弟がまたひとり減ったなというか。会いたかったです、これが最後だと思ってきたからね」

満蒙開拓青少年義勇軍は、全国で八万五千人余り。およそ三万人が命を落とした。頓所中隊は、総勢二百人、半数を超える百十八人が死亡。延吉の収容所では七十人近くが亡くなった。

延吉の収容所で亡くなった仲間たちは、荷車に乗せて郊外の丘に埋葬した。そこは中国軍が管理する土地になっていて、立ち入ることも近づくこともできない。須田は「これが最後の機会なので、何とか近くまで行けないか」と同行する政府の職員に頼みこんだ。結果は変わらず、遠くに丘を望む畑から亡き友を悼んだ。

そもそも日本人が来て、戦争で亡くなった日本人を弔うことを善しとしない地域も多い。須田が戦後初めて訪れた一九八〇年代は、ホテルの部屋で慰霊することしか許されなかった。この時も、中隊長が亡くなったと思われる村で花と線香を供えていたところ、村人から抗議の声があがった。侵略の歴史に終止符を打つことはできない。被害を受けた側の声に、加害者の側が真摯《しんし》に耳を傾けなければ、憎悪は世代を超えて続き、生身の感覚ではなく政治的なイデオロギーに絡め取られ増幅していく。

日本の国策で送り出され、忘れられた少年たちは、戦後、弔う人もなく置き去りにされたままだ。そして、日本の国策で犠牲になり、人権を蹂躙され、被害を受けた現地の人々の声を、私たちの国は聞こうとしない。

二〇二〇年八月、敗戦から七十五年。長野県山ノ内町に九十五歳の須田を訪ねた。毎朝六時前、冬はまだ薄暗いなかでも、須田は亡くなった仲間のために読経を欠かさない。

「あの収容所のなかで、零下三〇度になるなか、コンクリートの上で死んでいった仲間のことを思うと本当にもうなんとも言えないですよ。それから逃避行の山で『連れて行ってくれや』という叫び声ね。あの声は今でも耳について離れない」

そのまま押し黙り何かを手繰り寄せるように一点を見つめている。わずかな時間のはずが、長い沈黙に感じられた。須田の表情がいつになく険しくなっていく。

「誰が私たちを中国へ送ったんですか。何のために送ったんですか。私たちを苦しめ、中国人を苦しめ、何のための戦争だったんすかね。何をやっているんだっていう怒りがこみ上げます」

いつもは穏やかな須田が声を荒げる。それは命をないがしろにしてきた国への怒りだけではないだろう。自分のなかにくすぶり続ける罪悪感へのいら立ちなのかもしれない。

三　教師たちの戦後

副隊長の池田福治は、須田たちとは別の収容所にいた後、炭鉱で労働を強制される。もともと体が強い方ではなく、重労働と粉塵などで健康を害して寝込む日が続く。一緒に働いていた中国人が親切に介抱してくれた。体調が戻ると、日本への引き揚げの話を聞き、一年後に故郷に戻った。先に帰国できた少年たちから収容所の悲惨な状況を聞き、大勢が亡くなったことを知る。その後も、子どもたちが帰ってくるたびに、必ず迎えにいった。一時、教職を離れるが、自らの使命を教育の現場に求めた。

「頼りにされながら頼りがいのある自分でなかったことが申し訳なくも思うし恥ずかしくも思う。頼りにしていただろう子どもたちに手を合わせたい。ただ言われることをひたすら信じていたことが、自分は何て無知だったんだろうと思う」

戦後、少年たちを送り出した教師の多くは、掌を返したように国家主義や軍国主義を糾弾し、平和や民主主義こそが正義であると教鞭を執るようになる。自らが義勇軍送出に加担したことを告白する教師はほとんどいない。

二〇一二年、長野県阿智村にある満蒙開拓平和記念館が取り組む証言記録を取材している時、ひとりの元教師から話を聞けることになった。松本市に住む宮川清治は九十三歳。足の痛みをおして取材に応じる宮川を娘が支えていた。「私たちには戦争のことは何も話さないんですよ」と言う娘に「悪いことをしたと思っているから」とつぶやく。宮川もまた長い沈黙の中にいた。

義勇軍の送出に携わったのは、国民学校の教師だった時。長野県の南に位置する平岡村(現・天龍村)に赴任していた。毎年、四人から五人の割り当てが課せられ、達成は村を挙げての悲願だった。学校で募集の担当になり、茨城県にあった内原訓練所を視察する。全国から集められた子どもたちが、満州へ渡る前に、ここで三カ月の訓練を受けていた。指導者の話を聞き、農業や勉強、軍事訓練に励む子どもたちの生き生きとした姿を目にする。

「十五歳の少年を満州に出すなんて、心のなかでは反対していた。それが訓練所で義勇軍の重要性を見聞きして、変わった。気が変わったね。それで、学校に戻ってから義勇軍の教育をやったわけ」

当時歌っていた義勇軍の歌を口ずさみ、宮川はうれしそうに回想する。その年、四人の教え子を満州へ送り出し、村は悲願を達成することができた。

「一番喜んだのが村長と校長だった。今まで割り当てが達成できず、片身の狭い思いをしていたけど『宮川先生のおかげで今年から威張れる』と、もう喜んでね」

先頭に立って進めた義勇軍送出だったが、いざ送り出すとなると、本当に正しいことなのかと気持ちは揺れていた。十五歳といえば今の中学二年生に当たる。満州へ送り込むことは無茶な政策ではないのか、戦いが始まったときに駆り出されることはないのか、そんな不安が脳裏をよぎったのも当然かもしれない。

四人の生徒たちも、須田と同じような運命を辿ったはずだ。そして敗戦後、宮川の元に訃報が届く。送り出した教え子のひとりが、収容所で亡くなったのだ。重い足取りで生徒の両親を訪ねた。

「親はね、『そういう運命にあったから、先生そんなことを心配しなくてもいい。あの子は、自分でも行くと言って親たちも賛成したから、苦にしては困る』って。そう言われても、私の『行っていい』という一言で、ひとり殺した。忘れようとしたって、夢見ちゃって駄目だ」

戦場で命を落とした十代半ばの少年たちは、軍国主義の犠牲者とされた。ひとりの教師として、本当にそれで終わりにしていいのか、何度も自分に問いかける。

「時代がそういう時代だったから諦めろと言ったってね、殺した側になると諦めきれないだ。こういう話をするのは本当に嫌だ」

宮川は、声を震わせ、突然、泣き崩れた。

義勇軍送出に口を閉ざす教師たちの中で、宮川はひとり証言収録や私たちの取材にも応じる。すべての責任を引き受け、矢面に立ってその責めを負っているかのようだった。

戦後、自責の念から教職を離れていたが、恩師の勧めもあり、再び教壇に立った。二度と過ちを繰り返さないための教育。それが人生をかけてなすべき使命だと考えるようになったからだ。しかし、心に刺さったままの棘《とげ》の痛みが和らぐことはない。穏やかな表情の陰に、下ろすことのできない重荷を背負う苦悩がにじんでいた。

第三章　帰郷の果て

一　帰国者たちの闘い

冬の柔らかな日差しが長い影を揺らしている。時刻表を確認して手をすり合わせ暖をとる。遅れては困るからと、いつも十五分前にはバス停に着くようにしている。朝七時、長野市内の県営住宅から職場に向かう。六十五歳の井澤紀代子は、中国残留孤児による国家賠償請求訴訟の原告のひとりだった。

裁判は、二〇〇二年、東京をはじめ全国十五カ所の地方裁判所に広がり、帰国した残留日本人の九割に当たる二千二百十一人が原告となった。日本政府は早期帰国や日本での生活支援を怠ったとして、残留孤児たちは国の法的責任を問い、損害賠償を求めた。長野県では〇四年、七十九人が原告となる。国策に翻弄された人々が、責任の所在を問う闘いだった。

紀代子を訪ねたのは〇五年の冬。日本語はうまく話せず、通訳を介して中国語での会話になった。

「何とか生活はできていますが　幸せを感じることはありません。どこにも行けず毎日家にこもるだけですから、あまり幸せとは言えません。帰国者への偏見があり、家族も多くの重荷を負わされました。たくさんの人が仕事で体を壊しました」

満州へ渡ったのは、敗戦の一年前。父親は亡くなり、ソ連参戦後、母親と二人で生き延びた。物乞いをして飢えをしのぐ生活が続く。五歳の紀代子は何日も食べ物を口にできなかった。

「おなかがすいてどうしようもなくて、野菜を盗んで見つかったことがあります。母は何度も申し訳ないと頭を下げました。そんな暮らしが続き、母は私を道連れに自殺をはかりました」

一命をとり留め、母親は親子で生き延びるために中国人と再婚した。母親は口癖のように話していたと言う。「日本は私たちを見捨てたんだ」と。

紀代子が帰国できたのは一九九四年。敗戦から五十年がたとうとしていた。母親と中国人の夫、二人の子どもが一緒だった。帰国後、母親は闘病生活を続け、五年後に亡くなる。夫は病に倒れ、息子は日本にうまくなじめず、二人は中国に戻った。娘は上田市で就職し、紀代子は長野市の県営住宅でひとり暮らしをしていた。

長野県庁の清掃を請け負う会社に勤め、平日の朝七時半から午後四時まで働く。休みは日曜日のほか、二週間に一日。高齢の体にはつらい仕事でも、収入のためには辞めることができない。六十五歳で支給される国民年金は、中国にいた期間の分の年金保険料を払っていないため、受け取るのは月二万円余り。多くの帰国者が同じ状況に置かれ、貧しい暮らしを余儀なくされていた。

仕事を休めば生活が立ちいかない。紀代子は母親の死に目に会うことができなかった。亡くなった日も、入所していた介護施設から連絡を受けて駆けつけたが、間に合わなかった。紀代子は、最期に一緒にいられなかったことが、悔やんでも悔やみきれないと話す。そして、自分がいくら頑張っても、どうすることもできなかったのだと涙を流した。

困窮する帰国者に対して政府がとった支援策は生活保護だった。当時、八割近くが受給していた。それに紀代子は抵抗があった。何をするにも報告と調査が必要で、生活のすべてが監視されているように感じたからだった。受給のためには、収入の申告や資産調査があり、旅行の自由も制限された。貯蓄や生命保険も認められず、老後の蓄えを失うことに不安もあった。受給している帰国者の多くが、国民の税金を使って養ってもらっているという後ろめたさを感じていた。

根本的には、政府の場当たり的な施策に問題がある。権利であるはずの生活保護が、あたかも本人の努力が足りないかのような自己責任論と相まって、受給者を疎外する社会の目に、帰国者はさらされていた。帰国者への支援がおろそかにされている現実に、紀代子は、人間の尊厳がないがしろにされているようで違和感を覚えると話した。

県営住宅でひとり、暮らし、仕事に明け暮れる毎日が過ぎていく。それでも日本語の勉強は欠かさない。帰国したのは五十四歳の時だった。もっと若い頃に帰れていれば、これほど苦労しなかったのではないかと悔しさが込み上げてくる。

日本に帰国して幸せだと感じたことは最初だけで、もはやそんな感覚はない。高齢であることに加え、心臓に持病を抱えていた。上田市に暮らす娘の玲子は、できるだけ顔を見せるようにしている。

「最終的な選択は生活保護を受けるか、中国に戻るかしかないと思うんです。その二つとも本人にとってはつらい選択になると思うんです」

玲子と違って日本語がままならない紀代子は、娘が日本語で話した気持ちを娘の通訳で聞いて表情を曇らせる。

「私は日本人なのに中国で何十年も暮らしてきた。やっと祖国に帰ってきたのに生活が困難だから、もう一度中国に戻らなければならないのはおかしいじゃないか」

玲子は困ったような顔で、涙を浮かべる年老いた母をいとおしむように見つめていた。

兵庫県尼崎市に住む宮島満子は、神戸地方裁判所に提訴した原告団のひとりだった。二〇一四年六月、満蒙開拓平和記念館のスタッフによる証言収録に同行した。長野県の阿智村にある記念館は、日本で初めての満蒙開拓をテーマにした平和資料館で、一三年に開館した。高齢化する体験者の証言記録に力を入れ、インタビューは館内の映像展示と証言コーナーに生かされている。スタッフやボランティアが証言を書き起こし、アーカイブの取り組みも続けている。

満子は、長野県の南に位置する現在の中川村に生まれ、一九三七年、三歳の時、一家十一人で満州へ渡った。長野県が全県から募集する長野村開拓団だった。家の手伝いや子守に追われる毎日のなかで、小学校での勉強だけが楽しみだった。

ソ連軍が満州に侵攻したのは、小学校三年生の夏休み。事態を理解できないまま、逃避行が始まり、ランドセルにお手玉とよそ行きの着物、教科書を詰め込み、遅れないように付いていく。雨のなか、ぬかるんだ道を走るが、前を行く姉たちから後れ始める。水を吸って重くなったランドセルを捨てて、必死で走り続けた。およそ千五百キロを移動して、一カ月後、難民収容所に辿《たど》りつく。満子と母親、三人の兄と姉、妹、弟の八人になっていた。

収容所は、零下四〇度にもなる冬を迎え、草をかぶって暖をとる。家族八人で、わずかな食べ物を分け合い、飢えをしのいでいた。ただ、母親が食べている姿を見たことはなかった。やがて、寒さと飢えで、下の兄と妹が息絶えた。開拓団の死亡者は全国で約八万人。そのうちの七万人近くが病死で、逃避行と収容所生活の悲惨さを物語っている。

ある晩、それまで自分から何かを求めることがなかった母親が、お茶を飲みたいと言った。

「兄が『いいよ、俺がもらいに行ってくるわ』って。そのお茶を一口飲んで『ああおいしい』って言って目を閉じたんです。『お母さん、もうちょっと飲んで』って言っても返事がないし、そのまま目は開けずに、あの世に行っちゃった。一晩中、泣き続けました。お母さんがいなくなったら、どうして生きていこうと思うと悲しくて、お母さんと一緒に死にたいなと思った……」

残されたのは、満子と二人の兄、姉と弟の五人。このままでは、みんな死んでしまう、兄たちは相談して、姉と弟を中国人の家に預けた。そして、死にたいと泣き叫ぶ九歳の満子を、兄の昌志が諭した。

「兄は、『生きるんだよ、死ぬんじゃないよ。兄さんが満子を迎えに来るから』と言って、私は、本当?って。兄は、『本当だよ、兄さん嘘つくのか?』って言って。それなら行くって言って」

満子は、兄の昌志を信じ、中国人の養女となった。その後、別の中国人の家に預けられた姉と弟が亡くなったことを知る。養女になった家は貧しく、小学校は三年生までしか行けず、家の仕事に明け暮れた。やがて中国で家庭を持ち、戦後三十年余りを過ごす。それでも、必ず迎えにくるという兄との約束だけを支えに生きていた。

敗戦後、日本政府が引き揚げ事業を進めようとしなかった点は、第二章で述べた通りで、その後も政府の理不尽な政策が続くことになる。一九四九年、中国の内戦が中国共産党の勝利で終わると中華人民共和国が建国。アメリカの占領下にあった日本は「極東における反共産主義の防壁」と位置付けられ、中華人民共和国を承認しない。国交は断絶され、引き揚げ事業は、東西冷戦のうねりにのみ込まれていく。

五八年には、中国を敵視する政策の一環として引き揚げ事業を打ち切り、翌五九年、未帰還者特別措置法が公布される。最終の消息から七年が経過して生存が確かめられない人を国が「戦時死亡宣告」するもので、一万三千人余りの中国残留孤児の戸籍が抹消された。まるで、この問題に幕引きをはかるかのような政策だった。

この間も、日本赤十字社や日中友好協会などが引き揚げ事業に取り組んでいたが、国交もないなかでは限界があった。

一九七二年に日本と中国の国交が正常化すると、孤児を捜す肉親が帰国に奔走する。しかし、日本政府は消極的だった。世論の高まりを受けて政府が動き出したのは八一年。中国残留孤児の訪日調査が始まる。すでに戦後三十五年以上がたっていた。両親や関係者の高齢化や死亡により、肉親の判明率は低かった。孤児たちにとっては日本人であることの証拠が必要とされたが、敗戦時に幼少だったことから高い壁になる。

満子を中国人に預け、収容所を生き延びて、日本に引き揚げていた兄の昌志は、戦後、妹を必死に捜し続ける。身元が分かり、連絡がとれたのは満子が四十歳のとき。一九七五年、一時帰国で三十七年ぶりに帰郷し、兄妹は再会した。「必ず迎えに来る」と言った兄との約束がようやく果たされる。

その後、中国人の夫と三人の子ども、一家五人で永住帰国を希望した。身元保証人が必要なため、兄の昌志に頼むが、思いがけない答えが返ってきた。

「兄さんに頼んだら『できません』と。こんな山の所に五人家族で来て、どうやって暮らすのか。満子、見てごらん。買い物は車がなかったら行けないし。こんな山に工場など働く所ないし、子どもたちが日本語を勉強したくても、日本語を教える教師もいない、勉強もできない、どうやって生きていけるのか」

兄は、日本語もできず、中国での暮らしが長い満子たちのことを考えて、反対だと話した。そして、自分には養う力がないのだと。これで会えなくなるわけではない、これからも日本と中国を行き来すればいいと諭した。満子は、涙が止まらなかった。

「兄さん変わったわ。別れるときに、必ず迎えに来るからって言ったのに。あんな優しい気持ちを兄さんに抱かされて、それを支えに生きてきたのに」

肉親が判明しなかった孤児は、身元保証人が不在で帰国ができない。日本人であると認定を受けた孤児でも、親族が身元保証人にならなければ帰国できない。親族にとっては、帰国後の孤児家族の生活の扶養義務が生じることへのためらいがあった。長年、中国で生活してきた残留孤児とその家族を帰国後に面倒を見ることは大きな負担となる。

兄の昌志が引き揚げてきたのは、敗戦の翌年一九四六年だった。当時十七歳。両親を亡くし、妹たちとも別れ、生き延びた弟と二人で故郷の村に帰る。家も土地も処分して満州に渡っていたため、弟を親戚に預け、単身で新たな土地へ入植した。山あいの村の最も奥深い未開墾の林野だった。

十七歳の少年は、大人たちに混じって一から山林を切り開き、十坪の家を建て、ランプと井戸水で暮らした。自力で水道を引き、たばこや果樹栽培などで生計を立てるが、引き揚げ者は、よそ者扱いされ、肩身の狭い思いをしてきた。

それでも満子が一時帰国した時には、心から再会を喜び、一カ月の滞在予定を延ばすよう説得した。自分の家族さえ連れて行ったことのない観光地を巡り、中国に戻る時には、満子のために積み立てた貯金を生活費にと渡した。深い山の集落で自分たちが暮らしいくだけで精いっぱいだった。それでも兄として、できるだけのことをしてやりたいと思っていた。

永住帰国の希望はかなえてやりたい。では、言葉の壁、生活習慣の違い、就労や子どもの教育をどうするのか、それを支援する社会的な仕組みも十分ではない。多くの残留日本人の親族同様、昌志も苦渋の決断を迫られていたのだ。一方で、満子は、なぜ、祖国で、故郷で、生きることが許されないのか、納得がいかない。敗戦後、日本と中国で、お互いを思いながら、苦難の人生を送っていた兄と妹。帰国を巡るいき違いが生まれ、満蒙開拓の悲劇は新たな悲劇を生んでいく。


原因はどこにあるのか。国策として満州へ送り出したにもかかわらず、日本政府は、残留孤児の帰国を「家族の問題である」として、介入しない方針を打ち出していた。責任を棚上げするかのように公的な支援策を実施せず、解決を肉親に負わせた。

さらに、一九七二年の日中国交正常化の前後における国籍を巡る行政措置の問題もある。七二年以前、日本政府は、中国に取り残された日本人を「日本国籍の未帰還者」としていた。中華人民共和国という国を承認していなかったからだ。ところが、七二年以降、中国に取り残された日本人は、「自分の意志で日本国籍を離脱し、中国籍を取得した」ものとした。現実にそぐわない一方的な措置により、中国に取り残された日本人は、「日本国籍の未帰還者」から「中国籍の中国人」と身分が変更され、厳格な入国管理の下に置かれた。この結果、日本の親族による身元保証を求められたのだ。

祖国に帰るのに、なぜ、身元保証人が必要なのか。なぜ、国策の過ちの責任を親族が負わなければならないのか。当事者や支援団体の活動により、日本政府は徐々に政策を変更する。帰国制度を撤廃するのは一九九五年ごろ。日中国交正常化からでも実に四半世紀近くもの間、残留孤児たちは理不尽な制度に苦しめられてきた。加えて、帰国後の生活への支援はなされていないに等しい。

満子が永住帰国したのは、一時帰国から十年が過ぎた一九八五年。親族以外が身元保証人となる制度ができたこともあり、兄に頼らず、自力で帰国したのだ。知り合いの帰国者を頼り、兵庫県へ。家族が住み込みで働ける旅館の仕事に就く。帰国以来、自分の力で人生を切り開いてきた自負がある。

「日本に帰ってくるのが必死で、兄さんなんかいなくてもいい、と思って。これから兄妹じゃない他人だと。兄さんも言っていた、『兄弟はね、他人の始まりだよ』って。そうかなって」

六十歳になったとき、尼崎市の夜間中学に通うようになった。義務教育の時期に就学できなかった人や、中国からの帰国者のほか、日本語を学ぼうという外国人も籍を置いている。中国では、小学校を三年生でやめなければならなかった満子にとって、やっと大好きな勉強ができるようになった。長年連れ添った夫は、既に他界し、子どもたちは独立した。身近な付き合いはわずかだったため、夜間中学がひとり暮らしの寂しさを埋めてくれる場所にもなっていた。

兄の昌志は、二〇〇一年に亡くなった。生前、一度だけ尼崎に訪ねてきたことがある。

「兄さんには世話になっていない、迷惑もかけていない、恥もかかせていない。でも、喜んでいた。安心したって。安心したって、言ってた」

兄の親族とは今もお互いに行き来するなど、家族ぐるみの付き合いが続き、満子にとっては心強くもある。自分たち家族の幸せを考えて、兄が悩み苦しんだことも分かっているつもりだ。それでも、心に刻まれた暗く深い傷痕が疼《うず》くことがある。戦場で家族を亡くし、生き延びた兄と妹は、故郷に帰り、ふたりで力を合わせて生きていきたいと願っていた。そんなささやかな望みさえ、祖国は奪い去ったのだ。

二〇〇八年、残留孤児たちの国家賠償請求訴訟は思わぬ形で終結する。政府が新たな支援策を打ち出し、原告が受け入れ、和解が成立した。年金の満額支給と最高で月八万円の生活支援金を柱とした内容で、生活保護に頼らざるを得なかった多くの帰国者にとって朗報となる。一方で、国の法的な責任や謝罪を不問に付すことが条件で、和解は原告の苦渋の選択となった。長野県の原告のひとり、井澤紀代子は複雑な心境を振り返る。

「多くの人の利益のために受け入れるしかありませんでした。帰国者の高齢化が進んでいたので仕方なく受け入れたのです。裁判中に長野市で三人、東京で三十七人が亡くなっていましたから」

新制度で、支援金が支給されて生活は楽になるが、納得できないこともあった。支給額を決定するために、収入認定が行われ、新たに資産調査を受ける。支援金は一律ではない。帰国者への賠償ではなく、生活保護にかわる支援制度だからだ。紀代子に支給される厚生年金は七割が収入に認定されるため、支援金を満額受け取れない。自立のために働いてきた人ほど、恩恵が少ない仕組みになっている。

裁判が終わった後、紀代子は体調を崩しがちだった。娘の玲子は、仕事を休んで検査を受けるよう説得を続けるが、頑として受け入れない。病院へ行くと診療は一回では済まず、検査などでたびたび仕事を休まなければならない。薬代もかかり給料も減ってしまうからだと。

二〇一一年の年の初め、玲子の心配が現実になる。心臓の持病が悪化して緊急入院した。集中治療室（ＩＣＵ）で生死の境をさまようほど病状は重かった。一カ月の入院で何とか持ち直し、退院後は、上田市で家庭をもつ玲子の近くにアパートを借りて住むことにした。

三年後の二〇一四年、日本に来て間もない頃、脳梗塞で倒れ、中国に帰っていた中国人の夫が戻っていた。右半身に麻痺が残って言葉もうまく出ないが、体調が落ち着いたため、一緒に暮らせるようになったのだ。夫の介護もあり、家で過ごす時間が増えた。紀代子自身の病気が回復したわけではない。

日本に帰ってきて二十年。言葉の問題や偏見のなか、身を粉にして働いてきた。家族とわずかな帰国者以外に付き合いはない。訪ねてくるのは娘の玲子ぐらいだ。

老いた夫婦が、衛星放送の中国語の歴史ドラマを楽しそうに見ている。その姿を見つめる玲子の目にうっすらと光るものがあった。

「もしかしたら中国にいた頃の方がもっと幸せだったんじゃないかと思うんですよね。お友達たくさんいましたので、結構充実した日々だったと思うんです。日本に戻ってきても、自分の故郷に戻ってきたけど、故郷なのか異国なのか分からない。日本人なのに日本語ができないことで、みんなに中国人と言われるのは気持ちよくないんじゃないかと思うんです。日本人として周りに認めてもらいたいのが、きっとあると思うんですけど、それは実現できていないので、つらいんじゃないかと思うんです。もうちょっと人間としての尊厳を与えてほしいですね。今までたくさん傷ついてきた分、もっと人として尊重してほしいと思います」

紀代子は何を勝ち取るために裁判を闘ったのか。賠償金や生活保障のためなのか。それもあるかもしれない。しかし、「生活するためにお金は必要だが一番大事なものではない」と語る。続く言葉を探しているのか、何かに思いをはせているのか、遠くを見つめたまま時間が過ぎる。涙が頬を伝う。

「さみしい」

おぼつかない日本語で消え入るようにつぶやいた。

二　故郷を追われて

山あいを流れる川沿いの道を、日の丸を先頭に歩いてくる人たちの列。一枚のモノクロ写真に焼き付けられた光景は、人の列を除けば、戦後七十五年が過ぎても変わっていない。長野県の東にある旧・大日向村は、戦争中、耕作地に対して人口が過剰だったため、村の約三分の一の世帯を満州へ送り出し、現地に分村を作ることで経済更生を図った。一九三八年、日本で初めての分村開拓団として、全国を沸かせることになる。今は高齢化が進み過疎の集落になっているのは、歴史の皮肉というべきなのか。

約六百六十人の開拓団員のうち、敗戦後に引き揚げたのは三百七十人余り。半数近くが命を落とした。引き揚げ者のうち、故郷を離れて百六十五人が浅間山の麓、軽井沢町に入植する。そこに新たな大日向の集落を築いた。なぜ、故郷を後にすることになったのか。戦後、引き揚げ者たちは、どのような道を歩んだのか。

二〇一五年春、満蒙開拓平和記念館のスタッフが、体験者の証言収録のため軽井沢町の大日向地区で農業を営む坂本夫妻を訪ねた。二人とも幼い頃に大日向村開拓団として満州へ渡った。夫の幸平は公の場で体験を語ることがこれまでも多かったのに対し、妻のレヱ子は表に出て話すことはあまりなかった。

「満州に渡る時に、母の親戚は『行っちゃいけない』と。ものすごく反対されて行ったんです。結局、父親が村の幹部と気心が知れていて分村に賛成したらしいんです。それで行かざるを得ないということになって」

村を動かしたのは、困窮する財政問題だった。一九三六年当時、村の負債額は、年間予算の十倍を超える三十六万二千円。村の経済更生のためには、農家一戸当たりの生産量を増やすことが急務だった。満州に分村を作れば、人口を減らすことができる。そして、開拓団員が残していった土地を振り分け、一軒当たりの収益を増やすことができた。

計画書には「一軒の家でも家族が多くなれば分家をする。村も住む人が多くなれば分村す。何等不思議はないのである」「此れは吾等が自己の為ではない、子孫への責務である」と書かれ、分村の意義を強調している。

同じく分村移民を送った長野県の八ヶ岳山麓にある富士見村では、広報映画を作って、分村の必要性を住民に訴えている。農地の活用は、交換分合と呼ばれ、人口が減っても、全体の生産量が落ちない仕組みになっている。基本になるのが、共同耕作である。個人の田畑を班ごとにまとめ、共同で耕作する。分村の人たちが残した土地も、班に振り分ける。生産物は公平に配分される。村全体の生産量は変わらず、世帯数が減った分、一軒当たりの収益は増える。共同管理のメリットは、何か起きた時も責任は班ごとに負うため、比較的安定した収穫量と収入が得られた。数軒を一つの単位に行政の末端組織として責任を負わせる常会のような仕組みである。よく言えば、助け合い。裏を返せば、連帯責任制による管理強化であり監視社会である。

分村に見返りがあったことは既述の通りで、政府から多額の交付金が支給された。大日向村の場合、一九三八年の歳入予算は、三万五千二百五十円で、分村に伴う政府からの特別助成金は三万六千九百四十八円。その額は、年間予算に匹敵していた。開拓団を送り出す費用を差し引いても、村の基盤整備などに充てる十分な収入が見込めた。長野県も現地を視察し、分村移民に県独自の助成を決めて、国策を積極的に後押ししていた。

それだけではない。国策を推し進めるために政府がとったのは、大日向村を、分村開拓団の成功モデルに仕立てることだった。大日向分村を題材にした小説『大日向村』はベストセラーになり、アサヒグラフなどの写真雑誌に、現地で豊かに暮らす人々の姿が何枚もの写真付きで大々的に特集された。舞台や映画も作られ、新聞には「分村移民の先駆者、大日向の功績」の文字が踊り、日本中で話題になっていく。政府の意向をさまざまなメディアや文化・芸術産業がくみとり、実態と乖離《かいり》した虚像が全国を席巻していく。

いくら働いても終わりのない貧しい生活を送り、貧しい村で暮らす、同じような境遇に置かれた人々は、開拓団の豊かさを自らの生活に重ね合わせて、憧れやうらやましさを抱いたのだろうか。あるいは、ねたましく思っていたのだろうか。人々の間に生まれた清濁入り混じった熱狂が、国策の推進力になっていく。

満州に入植した人たちは、土地の入手方法を知らされていなかったと口をそろえる。それは事実なのだと思う。ただ、政府が用意したと言われ信じていたというが、それほど能天気だったとも思えない。わずかであっても疑問が頭をかすめていたに違いない。開拓と言われたが、なぜ既耕地や家が用意され、自分たちの下で働く中国人の小作人や労働者までいるのか。その疑問を口にする人はいない。自分たちの不利益になることに、見て見ぬ振りをしたということもあっただろうが、それらの支配の構図を当たり前のこととして理解していたからではないか。

満州国の建国理念にある王道楽土や五族協和は、日本国内での開拓団募集にも頻繁に登場する。満州国の執政宣言には「人類は必ず仁愛を重んぜよ、然るに国際の争いあれば、すなわち人を損し己を利す。而して仁愛薄まるなり。今、我が国を立つ、道徳仁愛を以って主となし、種族の見、国際の争いを除去せん。王道楽土まさにこれを実事に見るべし」とうたわれている。仁愛に基づく王道主義国家の建設によって、国家間の争いや民族間の対立がない世界を目指すという抱負に他ならない。

また、建国宣言にある五族協和は、「凡そ新国家領土内に在りて居住する者は皆、種族の岐視、尊卑の分別なし。現有の漢族、満族、蒙族および日本、朝鮮の各族を除くの外、即ちその他の国人にして長久に居留を願う者もまた平等の待遇をうくることを得。そのまさに得べき権利を保障し、それをして糸毫も侵損あらしめず」とされ、満州族、漢族、蒙古族、朝鮮族、そして日本の五族が共存共栄していく理念を指していた。ここでは、民族は一律平等であるとされている。

もちろん、これは建前である。開拓団の募集を呼びかける日本国内に目を向けると、村の新聞では直接に伝えている。例えば、下伊那郡にあった下久堅村が一九三七年十月に発行した時報には、日本と満州の関係を、「先進国日本、新興国満州、指導的地位の日本、開発を待つ満州」と書かれている。また、日本と満州は兄弟であるから、兄の国である日本の血を、弟の満州国へ注ぐとの記述もみられる。開拓団は満州国の指導者であり、支配する側という立ち位置が当然のこととして意識されていたのではないだろうか。

元開拓団員の証言でも、「日本人が一番なのは当たり前だと思っていた。それは幼い時から言って聞かされていた」「日本人は一等皇民、朝鮮人が二等皇民、中国人が三等皇民というふうにあからさまな差別があった」と触れられるなど、日本人の優位性が刷り込まれていたことが分かる。

大日向分村の団長が、現地の様子を伝えてきた手紙にも、如実に表われている。

「住民から土地を取り上げても、開墾していない土地はいくらでもある。何ら考慮する必要はない。住民たちは、更に《ママ》山奥の未開墾の土地に移るらしい」

目の前の既耕地を見たとき、同じ農民として何も不思議に思わなかったのか、坂本レヱ子の証言から、その時の開拓団員の心情を窺い知ることができる。

「日本人は、何でこんなに威張れるんだろうって。中国に行った人たちは財産があまりなく、日本にいた時には自分たちが何も無かったけれども、中国に行ったら地主になってしまった。現地の人たちを使用人として使ってふんぞり返っていられる。自分が今まで日本にいた時に、いじめられていたのと、向こうへ渡ってからはアベコベになったっていうか、自分たちもそういう立場になれたということで、その解放感はあったと思いますよ」

先の団長の手紙にも、「一層の日本化を進める」と書かれている。開拓団は、自覚があったかどうかは別にしても、植民地支配の最前線で他民族に日本への同化を強要する役割を担っていた。開拓団にあった国民学校に通っていたレヱ子も、その様子を目の当たりにする。

「満州人の先生がいて、みんな本当にバカにしていましたね。日本人が中国語を覚えなくてもいい。あなた方が日本語を覚えてくださいよ、という形で、子どもまで威張っているっていうかね」

大日向分村にあった国民学校の校庭で開かれた運動会の写真が残されている。運動着にハチマキ姿の児童がスタート位置について号砲を待っている。トラックの周りを大人や子どもが囲んでいる。自分の子どもが走っているのだろうか、手を振り上げて応援する親たち。その歓声が聞こえてくるようだ。秋晴れの日の、村を挙げての国民学校の運動会。しかし、そこは偽りの村だった。

ソ連軍の侵攻で、虚像は崩れ去り、真実があらわになった。大日向村開拓団の団員は、逃避行の末、難民収容所へ送られた。戦後間もない頃に作られた手書きの団員名簿がある。亡くなった人には赤線が引かれ、赤字で死亡年月日が記されている。その大半が難民収容所のものだった。食べ物はなく、寒さをしのぐ術はない、伝染病が蔓延《まんえん》する零下三〇度にもなる厳しい冬を越せなかったのだ。女性と子どもを中心に、およそ半数が命を落とした。レエ子の母親も、収容所で病気になり、亡くなっている。

「亡くなった母を見送るのに、夜に亡くなったから外に出していたために、カチカチに凍っていたんですよ。それをね、中国の人が馬車を引いてきて、捨てられたゴミを載せるように、母だけではないです、ゴミを載せるように馬車の上に何人も遺体を載せて連れて行きました。後で聞いたら、着ているものはみんな脱がされて、捨てる所に、みなさん裸で捨てられたって。一生忘れることのできない悲劇だったと思っています」

今も葬儀に行くと、たくさんの花を見て、母親を思うと言う。あの時、せめて花の一本でも手向けたかったと。あふれる涙をおさえることができず、悔しさと悲しみがにじんでいた。

一九四六年、難民収容所を生き延び、引き揚げてきた故郷の村に、家と土地はなかった。満州へ行くときにすべて処分していたからだ。レヱ子は、知り合いから聞いた話を教えてくれた。

「帰ってきたけれども親戚の家には泊まれなかった。公民館とかお寺に泊まって。何か物が無くなれば『あの人たちじゃないか』って嫌疑をかけられた。もうどうしようもなくてね、そこから逃げ出したって」

子どもながらに村に漂う不穏な空気を感じていた。

「もう要らない人が帰ってきたっていうような、困ったね、邪魔だね、っていうような、本当に帰ってこなくてもよかったのにっていうような雰囲気っていうか」

敗戦から二年、レヱ子たちは、故郷を後にした。追われるようにでもあり、自ら捨てたようにでもある。

元大日向村開拓団の人々のうち、六十五軒百六十五人が、軽井沢に入植する。政府は、新たな国策として戦後緊急開拓事業を進めていた。戦後の食糧難を解消し、海外からの引き揚げ者の就労を確保する施策だった。国有地を払い下げ、農業開拓を促すもので、引き揚げ者たちが長野県の内外に新天地を求めた。県内には五千八百九十八戸、県外へは千七百七十四戸が二十道府県に入植する。

軽井沢の入植地は、浅間山の麓の未開墾の林野。カラマツ林が広がる火山灰の大地だった。周辺の住民のなかには、満州からの引き揚げ者を悪く言う人たちがいた。それでも、再入植の地に新たな故郷を築こうと開墾に精を出す。木を切り、深く張った根をこぎ、石を運び出し畑を作る。夜露をしのぐだけの簡素な家を建て、水道や電気も自分たちで敷設した。

入植から五年余りがたち、日米安全保障条約に基づく協定により、浅間山麓をアメリカ軍の演習地にする計画が持ち上がった。これに対し、全世帯で反対の声を上げた。幸平は、当時の様子を興奮気味に話した。

「あの時は、みんなで開墾して出来たものを食べ、農閑期にはみんなで出稼ぎに行った時代。考え方はみんな同じ。米軍の演習地反対には全員がまともに向かった」

再び戦争によって、暮らしが奪われることを許さない、人々の決意。火山観測所があったことも影響して、計画は撤回される。

一九八〇年代、試練がまた訪れる。ゴルフ場の計画だった。当時、軽井沢はリゾート開発が進み、土地の値段が高騰した。大日向地区でも、観光業などへ転業する農家が増えていく。そうした中でのゴルフ場開発計画を巡り、親子や兄弟でも賛否が分かれ、親戚や地区の人々を分断していく。力を合わせ、苦難の時代を生き抜いてきた人々が、敵味方に分かれて対立したのだ。レヱ子たちは、最後まで反対を貫いた。

「この土地を命綱として生きてきて、開墾をして作物を作って、ようやく自分たちの作ったものが手に入って食べられて生活ができるようになった。お金が入ってくるから、すべて過去を忘れてしまって、そんなこと言いたくない考えたくないなんて、そうじゃないんですよ。周りの人たちは、誰も、口も聞いてくれなくなりました。でも、私は徹底的に闘いました。何でここに入ったのか、あなた方分かるのって言いたかったですね。私はどういう思いしてもいいから、この地にかじりついて、ここを故郷としたいって」

幸平も同じ気持ちで闘った。

「人間、お金が入り始めると、人心はみんな変わっていってしまう。みんなで開墾していた時は気持ちが通じていたけど」と言って、少し寂しそうな表情を見せた。

レヱ子も沈みがちな声で言葉を置く。

「経済が発展すると人間は汚れていきます。あの当時、貧しかった時の方が、人間に楽しさがあった。信頼できるということがありますよね。結果的に経済のためじゃないですか、人の心が歪んでいくのは。みんなが大変な生活をしていると、お互いに助け合いますよ、心が分かり合えるから」

計画は、環境への影響が問題になり中止される。軽井沢に入植した大日向地区六十五軒のうち、専業農家を続けているのは、坂本夫妻一軒だけになった。開拓団や中国の農民たち、犠牲になった人々のことを心に刻み、自分たちの力で守り抜いた第二の故郷に生きている。

これまで自らの体験をあまり語らなかったレヱ子は、最後に証言収録に応じた理由を話してくれた。

「犠牲になった人たちは、なぜ、あの時、命を落とさなければならなかったのか、未来もあっただろうに、と考えた時に、私たちは生かされてきたんだと。生かされてきたんだから、犠牲者のために生きなければならない。だから、その人たちのために、満蒙開拓の悲劇が二度とあってはならないから、真実を伝えておきたいです」

三　ふたたび原発事故で

粉雪が舞う薄暗い日だった。表札の名前はインクがにじみ、ビニールの覆いは破れかけている。東京電力福島第一原子力発電所の事故から四年がたとうとする二〇一五年一月。八十九歳の岩間政金は、福島県三春町の仮設住宅で避難生活を続けていた。四畳半二間と、台所に、バス、トイレ。仕事をもつ娘と二人暮らし。一日の多くを居間で過ごしている。何をするわけでもないが、手元に置いてある何枚かの写真に目をやる。

「この思いは泣いても泣ききれない」

岩間が故郷を離れるのは、これが三度目だ。長野県飯田市に生まれ育ち、十一歳の時、一家四人で海を渡る。盧溝橋事件の起きる一九三七年、長野県で唯一の自由移民団として、満州国へ入植した。

満蒙開拓団と言えば県や村などが母体となる公設のものが一般的だが、民間による開拓団も存在した。自ら団長となって進めたのは、下伊那郡出身の松島親造《ちかぞう》。吉林省の日本領事館の官僚で、満州の事情に精通し、下伊那地域で絶大な信頼を集める人物だった。下伊那郡一帯から参加を募る大規模な計画で、松島が自ら講師となり講演会なども開催した。

「故郷の人々を新天地・満州へ」と松島の掲げる理想に、下伊那郡町村会が支援を約束して、募集から送出まで母体となる。県内でも最初期の開拓団となり、三年をかけて送り出した。松島が牽引する民間の開拓団ではあったにもかかわらず、実質的には下伊那郡が送り出したという見方が定説になっている。

現地の官僚だった松島の力もあり、入植地は内陸の肥沃な土地が用意されていた。田畑が少ない山あいの寒村に育った岩間にとって、広大な満州はまさに新天地だった。

「満州はいい所だった。土地が肥沃で、何もしなくても大きな野菜がたくさん採れた。馬もいたしな。飯田の山の中じゃ馬なんて乗れないからな」

笑顔を見せていた岩間は、話が進むに連れて表情を固くしていく。満州へ渡って八年がたった一九四五年、十九歳の岩間は召集され、軍事訓練を受けていた。そして八月九日、ソ連軍が侵攻すると、戦場の最前線に立たされた。空からの爆撃や機銃掃射、地上では戦車による砲撃と機関銃による銃撃、圧倒的な武力の前に追い詰められていく。交戦しながら深い山中をさまよった。

「食うものがないから馬まで食っちゃった。最後は人間の肉まで食ったかもしれない。われわれは炊事班ではないから分からんからな、下の方でやっているから。馬の肉っていうわけで持ってきたが、馬なんて一頭もいなかったからな」

やがて命じられた作戦は、爆弾を抱えて戦車に飛び込む自爆攻撃だった。

「友達が何人も死んでいる。爆弾抱えて一緒に爆発するんだから、ぜんぜん形なんて無いよ。一瞬で終わってしまうよ。いや、ひどいぞ。仲間が命を落とすのは一番つらかったな」

岩間の順番が来る前に部隊は降伏した。捕虜になりそうなところを逃げ出し、山野を逃げまどう。食べ物もなく息絶える者、ソ連軍の銃弾に倒れていく者。振り返らずに、逃げ続けた。

「あんなつらいことはなかった。どこに行っても何も無いんだから。本隊から離れた時には二十人くらいいたかな、最終的には十人くらいだったな。ようやく新京に着いたのが半年後だ。よく生きて帰ったな」

満蒙開拓団は平和の戦士であり、アジアの平和のために戦うのだと教えられ、岩間もそう信じていた。実際はどうだったのか。戦場での過酷な体験を振り返りつぶやいた。

「俺たちはソ連軍の侵攻を遅らせるための捨て石にされたんだ」


日本への引き揚げは二年後。岩間も、故郷に居場所はなかった。満州へ出発する時、盛大に送り出してくれた村人から、「好きで行ったんだから自分の責任だ」「満州でいい思いをしたんだろう」と心ない言葉が投げかけられた。

両親と共に故郷を後にして茨城県に入植した。思うようにいかず、一年ほどで福島県の葛尾村に再入植した。満州からの引き揚げ者も多く、山手には開拓村と呼ばれる一帯がある。さらに山深い最も奥まった場所に、岩間の家族を含め長野県から六世帯が入った。山林を一から切り開く文字通りの開拓。やがて畜産で生計を立てるようになり、六世帯で集落を作って支え合いながら山での暮らしを築き上げた。

「葛尾村は昔から牛や馬の産地。山が多くて、気候もいいから牛や馬には最高だ」

福島に移住して二十年余りが過ぎた一九七一年、東京電力福島第一原子力発電所の営業運転が始まった。原発の建設を巡っては、地元で反対の声も上がったが、受け入れる自治体には見返りがあった。公共施設の整備に充てられる政府からの交付金や、企業誘致や工業団地の整備などの産業振興を目的にした融資や補助金だ。これといった産業はなく、出稼ぎをしなければ生活ができない地域で、財政基盤の脆弱な自治体には魅力的だった。

福島第一原発ではたびたび不具合があり、労働者の健康被害も懸念されていた。これに対し、政府と東京電力は原発の安全性とクリーンなエネルギーをうたい、経済的な優遇措置で地域を取り込んでいく。

九〇年代には、双葉町と大熊町にまたがる敷地に、原子炉の増設が計画される。その場合、双葉町には町の予算を大きく上回る交付金が見込まれていた。当時の町長は、目に見えないリスクを背負っていることは確かだが、リスクを超えてプラス面で住民が満足するような施策を実現しなければならないと話している。そのために財源が必要だと。町や村は、交付金頼みの体質から抜け出せず、「見えないリスク」は現実のものとなる。

二〇一一年三月十一日、東日本大震災が発生した。翌日、岩間はそれまで聞いたことのない大きな音に驚いた。

「すごい音だったよ。葛尾村の山奥にも聞こえてきたんだから、すごかった」

福島第一原発で爆発が起きていた。葛尾村は、一部が原発の二十キロ圏内で、風に乗った放射能が山に降り注いだ。三月十四日には、村が全村避難を決め、岩間も福島市内の体育館へ避難した。それでも牛舎に残した四十頭の牛が心配で、すぐに帰宅した。牛にエサを与え、ひとり村にとどまった。すると、村の職員や警察官が訪ねてきて、避難を促す。岩間は必死で事情を説明して理解を求めたのに対し、「岩間さんひとりだけ避難しないのは困るから」と村の決定に従うよう説得された。結局、福島市内の体育館から二日おきに通ってエサをやった。

「毎日食べていたのに、二日に一回じゃ駄目だな。みるみる痩せていくのが分かった。通うのもたいへんだったけど、弱っていく牛がかわいそうだった」

二〇一五年三月十一日、東日本大震災から四年。避難指示が続くなか、自宅に行くと言う岩間に同行して葛尾村を訪ねた。三春町の仮設住宅からは車で一時間半。除染作業は続いていた。全村避難はまだ解除されず、日帰りでの立ち入りが許されているだけだった。

舗装されていない山道を行く。深い山林の奥に、わずかに開けた土地が見えてくる。山を切り開いたという話の通り、そこは開拓地そのものだった。月に一日ほど帰宅して、再び生活できる日のために家の手入れをしていた。長野県から一緒に移り住んだ人たちは、みな高齢のため他界した。後継者も山を下り、残っているのは岩間だけになった。それでもこの山に愛着がある。

「長野県は故郷だが帰ろうとは思わない、行ってみたいとも思わない、ここが故郷だ」

自宅には、倉庫いっぱいに牛のエサが残されたままだった。紐《ひも》でくくられた厚手のビニールのシートを外して、牛舎に入り、ゆっくりと懐かしそうに足を運ぶ。そのまなざしは悲しげだ。牛舎で飼っていた四十頭の牛は、放射能に汚染されているとされ、すべて殺処分となった。仮設住宅の居間で手元に置いて眺めていた写真は、その時の様子を写したものだった。

「殺処分してトラックに積んで持って行って、石灰かけてブルーシートをかぶせる。全部を殺処分したんだ。みじめだぞ、血の涙を流して育てた牛を、みんなそうやって殺しちゃったんだ。自分で育てた人でないと、この悲しさは分からん」

岩間の頬を涙が濡らす。国民に犠牲を強いる国策とは何か。誰のための国策なのか。一度ならず二度までも、過ちの代償を負わされることになった。人生に安らぎは訪れるのか。奪われたもののあまりの大きさに打ちのめされたまま、時間だけが過ぎていく。二〇二一年現在、葛尾村の全村避難は解除されている。岩間は、牛のいない自宅に戻り、静かな暮らしを続けていた。牛舎は取り壊し、牛を供養するために建てた牛魂碑だけが残っている。他に行く場所はない。何もなくなってしまったが、ここがようやく辿《たど》り着いた故郷なのだ。

第四章　ふたつの祖国に生きる

一　立派な日本人になる

「困ります。学校には電話してこないでください」

受話器の向こうの女性はおびえたように声を潜めている。放課後の職員室には教員が集まっているのか、逆に少ないからか、周囲を気にしながら受け答えしている様子が伝わる。できるだけ目立たないように、注目されないように振る舞うことが、学校という社会、あるいは日本社会で生きていくために身に付けた処世術なのか。

二〇〇二年春、満蒙開拓の取材を始めるきっかけになる出会いだった。大橋春美、三十二歳。中国残留孤児の父親と中国人の母親を持ち、中国帰国者二世と呼ばれる存在だ。

長野県は満蒙開拓団を最も多く送り出した。そのため敗戦後、中国人に預けられた中国残留孤児とその家族が帰郷を多く果たしている地域でもある。戦後六十年を間近に、世代を超えた満蒙開拓の実像を知りたいと思い、私と同世代の帰国者である春美を訪ねた。長野県では、中国帰国者で初めて教員に採用され、この時は、長野市の北にある山深い里の中学校に英語の教師として赴任していた。日本人の夫と二歳になる息子がいる。

中国帰国者を取り巻く環境は厳しく、言葉や生活習慣の違いが高い壁となり、二世や三世、四世は学校でのいじめや就労の問題に直面し、一世は老後の生活保障や介護の問題が持ち上がっていた。春美も、何よりも言葉の壁に戸惑い、悩んできた。英語の教師を目指したのは、異文化を認めることの大切さを教えたいと考えたからだ。教職にあり、安定した生活を送る春美は、日本社会に違和感なく解け込んでいるように見えた。

「教師とかそういうものをとってしまったら、自分にまだ自信が持てない」

何気なく聞いた質問に、意外な言葉が返ってきた。

祖父母が満州国へ入植したのは、日中戦争が始まる一九三七年。長野県が全県から募集した千三百七十一人から成る長野村開拓団だった。祖父は病に倒れ、二十四歳の若さで亡くなる。敗戦後、祖母は息子を連れて逃避行と収容所生活を送る。餓死寸前の息子を抱えた祖母は、親子で生き延びるために、帰国を諦め中国人と結婚する。やがて成人した息子は中国人の女性と家庭をも持ち、春美が生まれた。

「戦争がなければ父は中国に残ることもなかったと思う。そこで母と出会って今の私がある。戦争がなければ私は生まれてこなかった命。正直、苦しいです。戦争について深く考えれば考えるほど、自分が引き裂かれそうになることがあります」

戦争がなければ生まれてこなかった命。春美は自らの存在の理不尽さに苦しめられていた。自分のルーツを辿《たど》ることは、ふたつの祖国の戦争から目を背けないことでもあった。

春美が生まれ育ったのは、中国の遼寧省の省都・瀋陽の郊外にある小さな農村だ。瀋陽は、かつて奉天と呼ばれた旧満州の中心都市のひとつだった。父親は人民公社で働き、貧しいながら家族が力を合わせて暮らしていた。春美の人生を変える出来事が起きたのは、小学生の時。同級生から思いがけない言葉を浴びせられる。

「お前は日本鬼子だ。戦争の時、日本人は中国人をたくさん殺したんだ」

日本鬼子は、中国人が最も深い憎しみを込めて日本人を呼ぶ言葉だ。中国人の自分が、なぜ、日本人と呼ばれるのか分からない。その日の夜、父親から事情を聞かされた。自分の中に日本人の血が流れていることをどう受け止めればいいのか、幼い春美にはよく分からなかった。

日本に来たのは一九七八年、八歳の時。両親と三人の兄が一緒だった。日中国交正常化から六年がたった頃で、比較的早い時期の帰国になる。日本に永住帰国した残留孤児の総数は、全国で二千人余り。さらに呼び寄せ家族を含めると、その数は十万人を下らないとされ、長野県では、約四千人の帰国者が生活していた。

春美は、突然、日本人として生きることになる。

「中国にいたときは日本人だと言われて、日本に来たら今度は中国人だと言われて。人から受ける言葉だけではなくて、自分自身は何者なのかというのを思ったり悩んだりしました」

春美の両親は、祖父母の故郷である豊丘村で暮らしていた。二〇〇二年に訪ねた時、父親の宮下英夫は六十二歳。敗戦当時五歳で、戦後三十年余りを中国で暮らしたため、日本語の記憶はなく、言葉の壁に苦しんできた。

帰国後は、機械部品の工場で働くが、不況のため退職を余儀なくされ、清掃のアルバイトと畑仕事をする毎日を送っていた。帰国して二十四年、日本語をなかなか覚えられない。近所の寄り合いや仕事での付き合いにも、顔を出すことはない。職場と畑、自宅を往復する日々が続いている。

母の玉江は、中国で生まれ育った。日本に来たのは三十七歳の時。内職をしながら家計を助け、家族を支えてきた。取材時も、村のスーパーマーケットでパート勤めをしていた。英夫同様、なかなか日本語を覚えられず苦労している。玉江にとっては、祖国・中国を離れ、異国の地での暮らしだ。

「来た頃と、ちょっと意地悪されることがあった時、帰りたい気持ちが何回も出たけど、口には出さなかった。子どももみんな一所懸命頑張っているのに、親たち帰るって言えないじゃん。来る時に親たちが決めて来るって言ったもんで、本当に我慢しかない。頑張るしかないって」

帰国から二十年余りがたった頃、英夫は、両親のために墓を建てた。満蒙開拓団として中国に渡り、厳しい開拓の日々のなか、病に倒れた父。死の逃避行のなか、生き延びるために中国に残り家族を持った母。その母は、永住帰国の前に、日本への一時帰国の許可が下りていたが、目前に病が悪化し祖国の土を再び踏むことなく、五十七年の生涯を閉じた。

「結局ひとりで一時帰国することになって、そのときにお母さん亡くなっていたから遺骨と遺品を持ってきてお墓に入れた。お父さんは本家のお墓に入っていた。だから残された僕としては、永遠に忘れないためにも、ふたり一緒のお墓を建てたかった」

日本への帰国は母の遺言であり、英夫の夢だった。一時帰国して感じたのは、喜びだけではなかった。長年、中国で暮らした家族が、言葉も生活も違う日本で幸せに生きていけるのかと不安がよぎった。それでも帰国を決意させた理由がある。中国の政治状況が切迫していたからだ。文化大革命による日本人への弾劾が、瀋陽の小さな農村にも及んでいた。

英夫は、侵略者の日本人として人民公社で嫌がらせを受ける。ブレーキの利かないトラックを充てがわれ、「運転したくなければしなくてもいいが、働かなければ給料はやれない」と言われ、収入が激減する。

「人民公社の時代は、子どもの将来に不安を感じていた。なぜなら私が日本人だから。いい仕事に就こうと思っても政治的に限界があった。普段は別に何もないのに、悪いときには、子どもたちも日本鬼子と言われて、そういうのを聞くと心苦しかった。だから子どもたちを連れて帰国することにした。日本だったら、自分の選んだ道に進めるし、行きたい所にもいける。子どもたちには選択の自由がある。だから家族全員を連れて日本に帰ることに決めた」

中国人である玉江は、複雑な心境で夫の姿を見ていた。

「自分の気持ちはね、日本に帰らないと、主人が痩せて病気になってしまう。体重四十何㌔になって、夜も眠れなくて、タバコばかり吸って、いつか死んじゃいそうだと思って。本当の気持ちは言葉が分からないし、不安で、でも主人のため子どものため、毎晩毎晩眠れずに考えたの」

中国で生まれ育った玉江は、周囲の反対を押し切って日本に来た。家族のなかで、ただひとり中国籍のままだった玉江が日本国籍を取得したのは、十五年後のことだった。

「今は日本の方が好きだな。でも中国の人にも会いたいですよ、親戚と。故郷だから。いま、六分は日本だな。四分は中国に気持ちが残っている」

永住帰国後、日本語や日本の生活に必要な生活習慣などの研修を受けた。ただ、それも帰国して半年間だけだ。日本で生活をするための公的な支援は十分ではなかった。小学生の春美は環境への対応や日本語の習得は早かった。それでも学校にはなじめずにいた。田舎の小学校に転校してきたのは、日本語がうまく話せない、中国帰国者という謎の女の子だった。

「『中国人なら中国へ帰れ』と言われたことのショックが大きかった。どうして自分が中国人だって言われなきゃいけないんだって。もともと日本人の子だから、日本人になるのが当たり前なのかなって。独りで布団の中で泣いたけど、両親には言えなかったですね」

春美は、両親が日本で必死に頑張る姿を見てきた。自分たちに期待していることも、自分たちが幸せになることが両親の幸せだということも、痛いほど感じていた。だから、その期待に応えよう、日本人として、日本の社会で、立派に生きていこう、そう自分に誓っていた。「立派な日本人になろう」。それが家族の合言葉だった。

高校進学を機に、中国帰国者であることを隠すことに決める。日本人の血が流れているとはいえ、中国から来たことで違う目で見られるのではないかという怖さに耐えられなくなった。中国人である自分に負い目を感じていたのだ。バレないように隠すのは至難の技だった。周囲に必要以上に気を遣い、常に気持ちは張り詰め、神経がささくれ立つようだった。自尊心も保てず壊れそうな毎日。何も考えたくない、考えることから逃れるように猛勉強した。くじけそうな時は「立派な日本人になる」と言い聞かせた。

高校生になっても大学生になっても、そして教員になっても、帰国者であることはバレなかった。新たな人生が動き始めたのは、波田町（現・松本市）の中学校に赴任したときだった。

クラスに中国帰国者の生徒がいた。どう接すればいいのか戸惑った。中国帰国者の生徒が増えていく時代だった。中国から来た子どもたちの歴史的経緯や立場を理解して、きめ細かな支援を続ける同僚がいた。帰国者生徒への対応について話し合う会議の席だった。「実は私も帰国者なんです」。それは自分でも不思議なほど、ごく自然に口をついた。今までの苦しみは何だったのか、明かしてしまえば何ということはないように思われた。

周りに理解者を得たことで、世界が変わり始める。帰国者の教員採用は、長野県では初めて。そのことも自信につながった。それでも、日本人として社会に認められたいという目標は揺るがなかった。

二　日本に来て幸せなのか

春美が帰国者二世であることを周囲に明かした時の教え子たちが、波田地区に暮らしていた。成人した彼らに春美が再会したのは二〇〇二年の夏。

大前神司、二十歳。黒竜江省の出身で、日本での暮らしは五年になる。中国残留日本人の血をひく父親と中国人の母親を持ち、三世に当たる。三人の姉は結婚して独立し、県営住宅で両親と三人の暮らしだった。春美は、神司が中学二年生の時に別の中学校へ転任した。その後、連絡が途絶えて、心配していた。神司は三年生の春、父親の仕事の都合で長野県の飯田市へ引っ越す。

「飯田に行っても、両親からは学校へ行くように言われた。だけど授業を欠席してアルバイトを始めたんだ。両親は学校を休んでいるのを知らなかったけど。学校はあまり行きたいとは思わない。勉強も好きじゃないしね」

中学校へは通わず、アルバイトを続ける。父親の仕事がなかなか定まらなかったからだ。

その後、再び波田に戻り、以来、土木の仕事をしている。十六歳の時から家計を支えてきた。

毎朝七時、仕事へ向かう。私が訪ねた日の現場は、住宅地で水道管の敷設だった。夏の日差しが照りつけるなか、誰よりも汗をかく。気配りも欠かさない。休憩時間には、率先して飲み物の買い出しを引き受ける。

「与えられた仕事よりも、もっとたくさんの仕事をするようにしているよ。そうすれば周りの人たちは認めてくれるんだ。『こいつはいいな。できるな』ってね。他の人の何倍も頑張らないと中国からの帰国者はうまくやっていけないよ」

無邪気な笑みを浮かべ、休憩時間が終わらないうちに一足先に現場に向かう。中国に比べれば冬の寒さは苦にならない。一方、夏は暑くて耐えられない。一カ月で八キロも痩せた。仕事を終えると、真っすぐ自宅に帰る。仕事が忙しく、飯田市にいた頃に知り合った仲のいい友達とは、なかなか会えない。家での楽しみは中国のテレビ番組を見ること。古い建物に似つかわしくない巨大なパラボラアンテナは、衛星放送を受信するためだ。画面から流れてくる中国語や風景は懐かしく、中国にいた時のことばかり考えてしまう。

「中国の友達は、今、何しているかな、学校かな、学校辞めているかなとか。一番仲いいのは、軍隊に入った。一九九八年に、一度中国に帰ったとき、みんな彼女がいて、俺はいなかったから寂しかった。あいつらは結婚したかもしれない。日本にいて、毎日が何か中国より早い感じ。毎日、朝起きて、仕事して、仕事終わって、毎日同じ繰り返し、仕事仕事仕事。仕事しないと金がすぐ終わるから」

父親も土木の仕事をしている。言葉の問題が大きく、なかなか定着できないでいる。いつも手元に置いている写真があった。中国にいた時のもので、旅行でハルビンや上海へ行ったときの記念写真や家族写真だ。最初はうれしそうに解説していた。次第に言葉を詰まらせ、嗚咽《おえつ》するようにむせぶ。言葉にならない父の胸の内を神司は察している。

「お父さんたちは帰りたいと思う。お父さんたち帰ったら、俺も帰る。男は俺ひとりしかないから。一年二年こっちで仕事して、それで帰る。でも帰る時、こっちに友達いっぱいいるから、また寂しいな。でも中国から来たとき、同じ気持ちになった」

もうひとり、春美の教え子が同じ県営住宅に暮らしている。前田洋、二十二歳。黒竜江省の出身で三世に当たる。両親と妹の四人暮らしで、近所に住む祖母や義理の兄も、時折、同じ食卓を囲む。父親は中国人、母親が中国残留日本人の血をひいている。取材時は、帰国から七年たっていた。家での会話はすべて中国語だ。

帰国者にとって最も大きな問題は就労。この日も、夕飯の食卓を囲んで、パート勤めの母が、機械部品を組み立てる今の仕事を変わろうか、家族に相談していた。転職した知り合いの帰国者から、給料や待遇など条件のいい仕事があると紹介されたと、母親は少し得意げに話した。父親は、その会社の人とよく話して、長期で採用してくれるなら考えてみたらいいと言う。電気関係の会社で仕事の内容は、きつくないはずだからと。

妹が口を挟む。電気の仕事でも部署によるから、そんなに楽じゃないと思う、と父親の世間知らずを非難しているようだ。兄も追随する。今はその会社が忙しいから、うまいこと言っているのかもしれない、仕事があるときは雇って、仕事がなくなるとクビにされるのがオチだから安易に転職しないほうがいいと、厳しい意見。じっと聞いていた母親は食事の手を止めたまま黙り込んでしまった。洋は、料理が冷めてしまうからと母を促す。

四十年中国で暮らしてきた両親にとって、仕事に必要な日本語を覚えることは容易ではない。父親が胸の内を明かす。

「年だから勉強できないし、仕事のとき、何か言われても分からないし、しょうがない。それでも頑張っているのは子どもたちのため。夫婦だけだったら、もう中国に帰っていたと思う。向こうには八十八歳の父親がいて、今は姉が面倒見ているけど六十歳を超えているので大変だから、自分が面倒見たいと思っている」

洋は複雑だ。

「やっぱり両親を帰らせたくないですね。一緒に日本で生活していた方がいいと思うんですよ。僕、お父さんの親が、お父さんのそばにいなかったから、僕はお父さんのそばにいたいですね、ずっと」

工業高校を卒業して、松本市にある農業機器メーカーで働いている。中国籍だった洋は、日本国籍を申請した。両親は中国籍のままで、いずれは中国へ帰りたいと考えている。日本で暮らしたいという洋の思いは変わらない。国籍の問題は、自分の将来を見据えて決めた。

「学校で、いじめられたこともありました。帰ろうと思うときもありました。日本もいい景気じゃないし、仕事なくすのが怖いですね。会社の仕事が少なくなるとクビにされるのが怖いですね。これから結婚して子どもが生まれて、学校で子どもが外国人だと言われたくないです」

久しぶりに再会した二人を、春美は頼もしく感じていた。もちろん帰国者の家族が日本で生きることの苦労を彼らも経験していた。それでも、家族を思いやり、自分の生きる道筋を見いだそうと必死に日々を生きている二人が、とてもまぶしく見えた。

その年の秋、春美は中国帰国者による日本語弁論大会の会場にいた。これまで、帰国者の集まりには、あまり顔を出すことはなかった。波田で二人の教え子と再会して少し気持ちが変わっていた。日中国交正常化三十年に当たる二〇〇二年九月二十九日、中国帰国者自立研修センターなどが主催して長野市で開かれた大会は、十三回目。帰国者の日本語学習の励みになればと始まり、残留日本人から四世まで二十人が、帰国時の経験や帰国後の生活について意見発表した。

春美の目に留まった中学生がいた。十五歳の石原真由美と最年少参加の石原律子、十二歳。春美が気になったのは、彼女たちが学校を楽しいと言い、前向きに語っている、その言葉の空疎な感じだった。

二人は、飯田市の中学校に通っている。真由美は帰国して五年。祖母が中国残留孤児で三世になる。律子は帰国して二年。四世で、真由美の姪に当たる。二人とも黒竜江省の出身だ。

中学校には帰国者生徒が増えていることもあり、帰国者が日本語を学ぶための文化交流教室がある。県内の中学校では先進的な取り組みだ。日本語を教えているのは牧直美。同じ黒竜江省に生まれ育った。夫の父親が残留孤児で、八年前に永住帰国した。ボランティアで帰国者たちに日本語を教えていたことから、この教室が開かれるときに補助教員として採用された。

真由美たちは、日常会話には困らない。ただ学校の授業に付いていくには、まだ読み書きの学習が必要だ。通常の授業のほか、それぞれの勉強の進み具合により、教室に来る時間を作る。休み時間も、教室で過ごすことが多い。日本語を覚えるだけではなく、中国語を忘れないことも学習の目標にしている。六時間目まである学校の授業に対し、この教室は五時間目までしかない。六時間目もいてくれるよう、牧は子どもたちに懇願される。

「言葉と勉強だけじゃなくて、学校で困ったことがあるときに、先にここに来て悩みを教えてくれる。帰国者が抱える悩みは、子どもでも同じだから、ひとりの帰国者としても、子どもたちに接している。会社にいても、あの人、中国人だから嫌いって言われることあるじゃん。でも、私たちには、そういうふうに見られるのが理解できない。どうして中国人が嫌とか。同じ人間だから、同じ生活の中で同じ仕事している。それなのに、下とか上とか言われて。平等に見てもらえるのが、人間だからみんな同じ心もっているから。ただうまくしゃべられないから、言葉で気持ちが伝えられないから。心はみんな一緒だと思います」

同じ県営住宅に暮らす彼女たちは、学校と家で、多くの時間を一緒に過ごす。休日も一緒で、誰かの家に集まることにしている。近所に暮らす従姉妹や親戚もそろう。彼女たちは親族の絆を大切にしている。生まれ育った中国を離れ、日本で暮らす彼女たちの心の支えだ。

ある日の夕方、学校から帰ってきた真由美たちは、いらついているように見えた。文化交流教室でも、家にいても、普段は笑顔を絶やさない彼女たちが、学校で何かあったらしく、日本に来てからのつらい体験を語り始めた。

机に自分たちが分からない意味不明な日本語やバカにされるような落書きをされたこと、給食の時に机をすごく離されたこと、中国人だからと悪口をたくさん言われたこと。真由美は涙をぬぐいながらつぶやく。

「こんなに苦しいことがあるなんて思ってなかった。何でみんな仲良くしてくれないのかな。日本人も私たちの気持ちになってみれば分かるのに。みんなで仲良くして、一緒に遊んだり、話し合ったりできたらいいのに。牧先生に相談して、でも我慢するって言ったら、すごいやさしい言葉かけられて、なんか思わず思いっきり泣いちゃった」

日本に来て幸せなのか。三世や四世の子どもたちも問い続けていた。

春美が日本に来てから二十四年。時間がたち、世代が変わるからこそますます帰国者を取り巻く環境は厳しくなっていくのか。日本人として生きるとは、帰国者を排除するこの社会を肯定することなのか。いや、そうではない。しかし…。春美はつかみどころがない漠然とした不安に襲われるような感覚に戸惑っていた。

三　遼太郎のひまわり

夏の夕暮れを惜しむかのように咲く小さなひまわりに、夕立が容赦なく打ちつける。台所を慌ただしく動く足音と新鮮な野菜を切る小気味よい包丁の音が響く。玄関を勢いよく開ける音がする。ずぶ濡れの一人息子にあきれ顔で尋ねた。傘を忘れていき、走って帰ってきたから、雨なのか汗なのか分からないと照れくさそうに話した。

二〇一二年夏、夕食の準備に追われる大橋春美は、四十二歳になっていた。両親が暮らす長野県豊丘村で、近くに一軒家を借りている。遼太郎は十二歳、中学一年生。二人での暮らしは十年になる。教師としてはあまり人に言えたことではないがと前置きして、離婚して両親がいる村に戻り、遼太郎と生活していると言う。

日本人の夫は、春美を理解して、支えようとしてくれた。いつの間にか気持ちがすれ違うようになり、狂い始めた歯車が戻ることはなかった。春美は、物事がうまくいかずに失敗したとき、自分が帰国者だからと思ってしまう。そんな自分が嫌だったと振り返る。遼太郎が父親と過ごす時間は大切にしているが、自分が成長を支え、見守ろうと心に決めた。
「息子の前ではめそめそしていられないし、いつも元気でにこやかな母親でいたいし、もうこれ以上悲しい思いはさせたくないし」

離婚の後、思い切って中国の北京師範大学に留学した。七歳の遼太郎を連れて、二〇〇七年から三年間、北京で暮す。

「改めてリセットして、もう一度中国へ行って、自分自身はどんな存在なんだろうと、もう一度確かめることで、もっと前向きにいろいろ考えられるのかと思って」

大学では、異文化の理解と交流をテーマに学んだ。「立派な日本人になる」と自分に言い聞かせてきた自らの存在意義、そのアイデンティティーは大学で学ぶうちに揺らいでいた。日本で生きるために封印してきた中国人の自分。原点を見つめ直す時間だった。

二〇一二年の夏、遼太郎を連れて、五年ぶりに中国の故郷を訪ねた。鉄道好きの遼太郎のたっての希望で、北京から新幹線に乗る。遼寧省の瀋陽までは四時間余り。駅に着くと、二人は、少し寄り道をした。車で四十分ほど走ると巨大な石の建造物が目に入ってきた。近くに立つと異様なほどの威圧感で迫ってくる。刻まれた文字は一九三一年九月十八日の日付。そこは満州事変が起きた柳条湖だった。中国では、その日付から九・一八事変と呼ばれ、歴史博物館になっている。

館内に置かれた碑文は、日本語と英語に翻訳されている。春美にとってのもうひとつの祖国である中国が、あの戦争をどう捉えているのか、記されていた。

「一九三一年九月十八日は中華民族の国辱の日である／中国人民は永遠に忘れ得ぬ日として記憶する」

満州事変は、日本の関東軍による自作自演だった。鉄道の爆破を中国兵の仕業にみせかけて侵略の口実を作る。翌年に日本の傀儡《かいらい》国家・満州国が建国され、日本の植民地支配は加速していく。当時、日本が中国で何をしたのか、館内にはその歴史が生々しく刻まれている。

春美は見学を終えた中国人に話を聞いた。

「具合が悪くなりました。とても息苦しいし重苦しい」

「七三一部隊の人体実験には言葉もありません。常軌を逸しています」

「戦争の歴史に、いつまでも固執していては前に進めませんが、それでも心にとどめる必要があると思います」

展示は、日本の侵略と支配を打ち破った中国共産党を賛美するストーリーになっているとはいえ、日本では伝えられることのない史実が記録されている。遼太郎にとっては、初めて知ることばかりだった。

「日本の人も知った方がいいと思うのもたくさんあったし、何で教科書に載せないのかなというのがいっぱいあった。心に迫るというか悲しくなるというか」

戦争がなければ生まれてこなかった自分の命。春美は改めてやるせない気持ちでいっぱいになっていた。


瀋陽から車を走らせる。都会の喧騒《けんそう》はすぐにやみ、のどかな田園地帯が続く。一時間ほどで、春美の故郷に着いた。おかしいというような仕草で周囲を見渡し、何度も首をかしげながら、行ったり来たりしている。五年前にはあったはずの小学校がないと言う。近くの人に聞くと、二年前に取り壊され、もうすぐマンションが建つことが分かった。

「いっぱい思い出が詰まった校舎なので、しかもレンガ造りの校舎で、いい校舎でした。たかが一年だけど、自分の原点みたいなところがあったから」

同級生に「お前は日本鬼子だ」と言われて、自分が日本人であることを、初めて突き付けられた場所でもある。崩れたレンガの残骸の向こうにあったはずの校舎が見えているのか、その場をなかなか離れようとしない春美は、目頭を抑えるような仕草をした。

近くにある故郷の村は、昔の佇《たたず》まいを残していた。日本人の血をひく自分たちに、分け隔てなく接してくれた人たちが暮らす村。しかし、人の気配がない。仕事で家を空けているという感じでもない。しばらくすると、ひとりの女性が顔を覗《のぞ》かせた。最初は怪訝《けげん》そうだった。春美と話しているうち、パッと顔色が変わる。事情を理解したようで親しみを浮かべ、会話が弾んでいく。

村は、開発が進み、マンションが建てられることになった。百五十人ほどいた村人は、立ち退きを迫られていた。それでも自分たちは最後まで離れたくないから残っていると話した。しばらくすると、なじみの顔が集まってきた。ひとり、またひとり、家族の消息を尋ね合い、静かな村に笑い声が響き渡る。

生まれ育った家を訪ねると、建物は建て替えられていた。春美は何かを探して家の裏庭に出た。見覚えのあるナツメの木が一本だけ残っていた。貧しい暮らしのなか、いつもおなかを空かせていた子ども時代。春美を夢中にしたのが、ナツメの実だった。ここで生まれ育った確かな証し。記憶にとどめようとじっと見上げていた。

村人との話は尽きない。笑顔にも、時折、涙が混じる。両親によろしく、必ずまた戻ってきてくれ、別れを惜しむ人々が、いつまでも手を振って見送る。日本人として生きるために、ずっと心の奥に仕舞い込んできた、いや捨て去ろうとしてきた、もうひとつの祖国。その温もりが春美の心を満たしていた。

北京には、留学していた頃の知り合いがいる。漢族が多いとはいえ、満州族や朝鮮族、イスラム教を信仰する回族など、中国各地から集まる多様な文化を持つ人たちと出会った。今も付き合いがあるのは遼太郎の友達の家族だ。留学時代の三年間、帰国者三世に当たる遼太郎にも、中国の文化を知ってほしいと、現地の小学校に通わせた。

しかし、厳しい現実が突き付けられる。遼太郎に、あの日本鬼子という言葉が投げつけられた。最初、何を言われているか分からなかったが、意味を知ると悲しくて仕方がなかった。戦争は終わっているのにと思うと余計に悲しくなったと、その時の胸の内を遼太郎は明かした。

春美は、息子の代まで続く憎しみの連鎖に呆然《ぼうぜん》となりながら、二つの祖国の間で引き裂かれる自分のアイデンティティーを重ねていた。

「被害を受けた側の戦争に対する記憶を、やはり加害者側が想像するのは難しいかもしれないですけど、お互いの戦争に対する捉え方を知らないといけない。そこから始まらないと、本当の友好関係はできないのではないかと思います」

被害を受けた側の戦争への考え。遼太郎は授業でも思わぬ形で知ることになる。それは国語の時間だった。教科書のページをめくると、戦争の絵が飛び込んできた。日本軍と戦い命を落とした少年、その勇気を称える内容だった。日本鬼子と言われた記憶がよみがえる。

「授業が終わったら、日本人なので責められるんじゃないかなと。授業は聞いていられなくて、何にも聞いていないというか聞けなかったですね」

言葉を失った遼太郎にクラスの友達が声をかける。そこにはいつもと変わらない笑顔があった。この時の体験を書いた作文がある。題は「日本語が下手なおじいちゃん」。

「おじいちゃんは、『日本と中国が戦争をしていたのに、日本人のおじいちゃんを大事に育ててくれた中国人がいたんだよ。人と人の間には国境はないんだよ』といつも遠くを見つめるような目をしながら言います」

この後、北京の学校での国語の授業の体験が続き、「人と人の間には国境がない」という言葉に重ねた。そして、日本と中国の友好のために決意をつづっている。

「僕は何をすべきか。その答えを見つけるために、怖くても、悲しくても、勇気を出して、戦争のことについて深く勉強しようと思います」

お互いの国を理解しようとすることから友好を見つめた作文は、平和をテーマにした作文コンクールで最優秀賞に輝いた。

遼太郎という名前には、春美の願いが込められている。遼寧省の「遼」と日本を代表する名前のひとつ「太郎」。ふたつの祖国をつなぐ人間になってほしいという願いだ。

「日本と中国の歴史を、そろそろ意識する年頃かなと思います。それが今度は私たちの代とは違って、前向きに日本と中国の交流とか、次の世代の友好とか、役に立てたらいいなと願っています」

豊丘村の自宅の庭先に、夏になると小さなひまわりが花をつける。遼太郎は水やりと手入れを欠かさない。中国のことを忘れないでほしいと親友がくれた種を大切に育てている。毎年、種を取り、少しずつ株を増やしていた。会っていなくても、このひまわりを見ていると、つながっている感じがすると話す。遼太郎の成長した姿を見て、春美は思う。

「人って何のために生まれてきたんだろうって、ずっと自分の生まれてきた意味とかを考えながら生きていくと思うんですけれど、自分がこういう運命を背負って生まれてきたからには、今度は、負の遺産をプラスの方向へ変えていくのも、自分が生きる意義かなと思います」

遼太郎の小さなひまわりが大きな架け橋になって、友好の道を刻み続けることを願いながら、国境を越えて手をとり合うことの尊さを伝えたいと思う。

「戦争がなければ生まれてこなかった命」。この言葉の真意に春美は気づいた。自分は日本人なのか中国人なのか、いや日本人であり中国人である。そういう自分の存在を受け止めて生きていく、その覚悟と決意の言葉なのだと。

第五章　幻の村

一　胡桃澤家の秘密

二〇一〇年、戦後六十五年の夏。満蒙開拓平和記念館の準備会が主催する歴史展が、長野県阿智村で開かれた。会場の村の公民館は多目的ホールの他に図書館が併設され、夏休みのせいか親子連れの姿も目立つ。ロビーでは、満蒙開拓を写真や資料で紹介したパネル展に見入る人が多い。体験者の証言や研究者の講演など一週間に及ぶプログラムが用意され、満蒙開拓への理解を深める狙いがある。その日は、河野村開拓団を取材したドキュメンタリー『残された刻〜満州移民・最後の証言』（〇九年制作）が上映された。

前述の通り、河野村が開拓団を送り出したのは、戦況が一気に悪化した一九四四年。総勢九十五人は、敗戦後に集団自決に追い込まれ七十三人が命を落とす。そのほとんどが女性と幼い子どもだった。翌年には、送出を決断した村長の胡桃澤盛《もり》が、四十二歳の若さで自殺した。『残された刻』は、この河野村の悲劇を元開拓団員の証言と胡桃澤盛が書き残した日記を手掛かりに辿《たど》ったものだ。

上映後、元開拓団員やその家族、関係者と久しぶりに再会した。取材を懐かしく思い出しながら、それでも話は楽しいと言えるものではなかった。映像を通してつらい記憶がよみがえり、重苦しさが伝染していく。真夏の暑さと人いきれで澱んだ空気が昼下がりの気だるい時間をのみ込もうとしていた。

その時、ひとりの青年に声をかけられた。初対面のぎこちなさも慇懃《いんぎん》さもない。無造作に伸びた髪とラフな服装にそぐわない張り詰めた感じが漂う。偶然が重なって生まれた出会いを運命的と呼びたくなることが人生にはある。目の前に立っていたのは、胡桃澤盛の孫だった。写真でしか知らない盛の面影が重なる。胡桃澤伸《しん》は、この時、四十四歳。たまたま帰省中で、歴史展のことを知り、連日足を運んでいるという。

東大阪に暮らして精神科医をしていること、劇作家として主に社会問題をテーマに脚本を書いていること、祖父が自殺したことは分かっていたが、その理由を知ったのは三十代の終わりで、しかも、家族から聞いたのではなく、長野県の新聞に掲載された関連記事を友人が送ってくれたことがきっかけだったこと。伸から矢継ぎ早に語られる話のひとつひとつが、彼を理解する手掛かりになるどころか謎を深めていく。

祖父の死が家族のなかで話題になった記憶はなく、日記があることは知っていたが、その存在を確かなものにしたのは戦後六十年がたってからだと打ち明ける。胡桃澤の家には秘密があった。

仲は会ったこともない祖父の死に執着していた。自分が生まれる二十年以上も前の出来事にもかかわらず、真相を知らないまま大人になったことへの強いわだかまりがある。それが自分の根っこを揺さぶり続けている。自分が存在していることの根拠が、実は断ち切られていた。しかし、遡行《そこう》することには葛藤がある。

「知りたいとは思うけど、事実に近づくことが怖いんですよ。死に近づくでしょう。それがふたをしてきた死でしょう。語らなかった死についていや応なく考えさせられるわけですから、それは怖いですよね」

祖父の決断で満州へ送り出され集団自決に至った村の人々と、自ら命を絶った祖父。その事実を辿《たど》ることは、自分の命が歴史のなかに葬られてきた大勢の死とつながっていることを受け止めなければならない。世代を隔てていても、死を受け入れることは簡単ではない。悲劇の残滓《ざんし》は、戦争を知らない世代にも深く根を張り、同じ時代を生きる者の感触として生々しくまとわりついてくる。

　祖父は、どのようにして国策の過ちに追随し、国家の暴力に加担していくのか。国民の命をないがしろにした国の政策、個人を犠牲にしてまでも国全体の利益や一体感を優先させる思想に、なぜ、くみしたのか。青年時代、社会主義や文芸運動にも価値を見いだしていた祖父は、なぜ、積極的な国策の推進者になっていったのか。時に矛盾し破綻をきたすかのように錯綜する思想と価値観の整合性は、どこにあるのか。

　自殺した祖父の罪の意識と自ら下した罰の重苦しさ、その血を受け継ぐ自分の存在に押しつぶされそうになりながら、伸は何かをつかもうと必死に問い続ける。そして答えを見いだそうとすればするほど、深い闇の底へと迷い込んでいくようだった。

　五年後の二〇一五年、伸は、長野県阿智村にある満蒙開拓平和記念館で、ボランティアグループが開催する冬季講座の講師を依頼される。記念館では月に二回、体験者が語り部となる定期講演が開かれている。それとは別に、毎年三回シリーズで、子や孫の世代、研究者や平和活動に取り組む人々、作家やマスコミ関係者らを講師に、多様な視点から満蒙開拓を問う講座を企画している。毎回、県の内外から四十人ほどが参加している。

伸が一般の人の前で祖父の死について語るのは、初めてだった。他人に理解されることはないと思っていた自分の心の内、しかし、重石を抱えて生きているような苦しさへの共感が冬季講座の会場にじわじわと染みていく、そんな感覚に包まれていった。語ることで救われたわけではないが、この時の体験が背中を押したと本人は振り返る。伸は十年以上の歳月をかけて、あるいは生まれて半世紀を経て、ようやく祖父の死を直視することになった。

子どもの頃から何かがあると感じていた。よく覚えているのは、奥の座敷で一緒に寝ていた祖母のうめき声だ。夜中に、突然、小刻みに揺れながらウーと声を上げながらうねるように震え出す。本人は気づいていないようで、それが余計に怖くて布団にもぐりこむ。祖母は何かとんでもない体験をしていて、夢のなかでそのことに出合っていると思っていた。目が覚めた後で尋ねても、答えない。自分がうなされていることを指摘されても、驚くわけでも振り返るわけでもない。具体的な事実は分からないまま、祖父の死について最初に語られたのが、この祖母のうめき声と沈黙だった。

死は断片的に顔を覗《のぞ》かせる。雨の日に、母親が引き出しから祖父の日記帳を取り出し、何気なく自殺をほのめかす。父親が思い出したように「あの日は暑かったな」とつぶやく。小学生の友達が「お前のおじいさんは自殺したんだぞ」と悪びれた様子もなく言ってくる。家族の誰かに、いちいち確かめるわけではない。それを拒む空気があるというのではない。祖父の死という一つの事実であるにもかかわらず、それ以上掘り下げることも分かち合うこともできない。家族でありながら、誰も語らない、共有しようとしない、どこか心が通じない、決して近づけない。それは家族の秘密になっていた。

戦後六十年を経て、伸の父親の胡桃澤健《けん》が、盛の日記を飯田市歴史研究所に寄贈したことは、伸が祖父の死に近づく契機になった。飯田下伊那地域では、満蒙開拓を記録し検証する活動が積極的に進められ、地域の中で史実を語ることへの理解が進んでいた。加えて、関係者の多くが鬼籍に入る時代になり、加害と被害が同居していた村の構図が変わってきたことも、それらをつまびらかにすることを後押しした。

それでも、健は、研究者から日記を見せてほしいと言われた時は、かなり抵抗感を覚えた。家族の恥部をさらすようなことにためらいがあった。しかし、このまま葬り去っていていのか、歴史をありのままに伝えるべきではないのか、河野村開拓団の悲劇を無かったことにしてはいけないとの思いに至ったと言う。

二〇一七年、夏。果樹栽培が盛んな河野の集落で、農業を営む健は桃の出荷に追われていた。傍らでは、東大阪から帰省していた伸が台車に積まれた桃の箱を運んでいる。「あの日も暑くてな」と健が仕事の手を休めずに話し始める。当時、健は八歳。朝、隣で寝ていた父親がいないことに気づいた。「俺がもう少し早く気づいていたらな」と何度も繰り返す健に、伸は「そんなことはない」と言うのが精いっぱいだった。

盛は、敗戦の翌年、一九四六年七月二十七日、自宅で縊死《いし》した。家は、盛が戦争中に建てたものが今も残り、地域の名士の家らしい風格を備えている。玄関を入った左手にある座敷で盛は命を絶った。

盛を見つけたのは幼い健だった。何が起きているのか分からず、その後もただ悲しかった感覚しか覚えていない。座敷の鴨居に紐《ひも》をかけた、その時の傷が残されている。見上げる健は涙を浮かべていた。

「あまり言いたくないんだけども、それが自死した痕跡っていうかね。ですから、今まで普通の方はほとんど入っていただかなかったですね、この部屋はね。そのままになっています。もう七十年くらいたっているんですけど」

庭の木々や障子が夏の強い日差しを遮るせいか、ひんやりとした部屋は静謐《せいひつ》のなかにある。この家に流れていた時間を思う。伸の母親は、結婚する前、胡桃澤の家の前を通ると、いつも雨戸が締め切られていて不思議というか少し怖い感じがしたと話す。

健は、押し入れから古いアルバムを取り出した。戦争中に写した数枚の写真。幼い健の横に二歳上の姉がいる。

「戦後になって、送り出した村長の家族として、村の人たちから何か言われたとか、そういうことはないけれど。向けられる目というか、生きづらいっていうことはね、母はそれを苦にしていたっていうことはありましたね。私の姉は、結構、学校の成績が良かったんだけど、高校へやらなかったんです。世間に対して申し訳ないっていう、そういう気がね、どうもあったようなんです。とにかく底辺で地にはいつくばって生きていくべきだなっていう気持ちはありました」

誰かに責められたわけではない。むしろ、残された妻子は同情された。村人の集団自決と、送り出した盛の死。怒りや悲しみのやり場がないまま、残された人々は口を閉ざした。健も、気持ちを整理するまでに何十年もの時間が必要だった。

「あのような悲劇を起こして誰ひとり責任を取らないということだと、やりきれないものが残るというか、誰かが責任を取らないといけない状況のなかで、父がそういう決断というか行動にでたことは、ある意味、救われた気持ちもあるんですけど。ただ、それが父だったということで私としては大変だったというか、これほど悲しいことはないわけで、そんなふうに整理というか考えています。村人を死に追いやって、自分だけ生きているわけにはいかないというのは分からないでもないですけど、父が生きていたら私の人生も変わっていたでしょうね」

河野の集落を望む場所に胡桃澤家の墓地はある。七十一回目の命日、伸は、墓前に手を合わせる。そのまま村の慰霊碑に向かう。亡くなった開拓団員の名前が刻まれた石碑の前で目を閉じる。蝉時雨が激しくなり、過ぎていく時間の長さを際立たせる。

「ここに来ると送り出した側だという意識がどうしても浮かんできます。おじいさんの責任だと思います。ただ、そういう悲劇から教訓を生み出すための力、強さを得るためには、事実を避けていてはいけない、知らないといけないと思います。もちろん一〇〇%知ることはできないとしても、できるだけ近づきたい。この何年間で、そう思うようになりました」

時が止まったまま時が流れる残酷な現実を、胡桃澤家の誰もが生きていた。

二　日記の中の祖父

胡桃澤盛の日記は、二〇一二年に、研究者らの手で現代の仮名遣いで編集され、全六巻からなる書籍になった。一九二三（大正十二）年から一九四六（昭和二十一）年、盛が十八歳から四十二歳までの二十四年間、ほとんど毎日、日々の出来事や考えをつづっている。自由主義を謳歌《おうか》した大正デモクラシーの時代からファシズムへと社会が変遷し、戦争が暗い影を落とした時代に生きたひとりの人間の記録である。

伸は、これまでも折を見て手にとっていた。読み始めると尋常な気持ちでいられなくなり、なかなか進まない。悲しみや怒りが湧いて近づけず、対峙《たいじ》することの重苦しさを思うと、とても耐えられそうもなく、眼を背けてきた。

二〇一七年、河野の実家から東大阪に戻ると、祖父の日記を手元において読み進める日々が始まった。その心境や真意をどれだけ推し量っても、祖父の呪縛から解き放たれる日は来ないだろう。ただ、その呪縛と相対し、祖父の真実に触れたいと願うようになっていた。

胡桃澤家は、明治時代に商売で富を得て大きくなった名のある地主で、盛は、農業学校を卒業した十代半ばで、家業を手伝うようになる。時代は、一九二〇年代。文学、社会主義思想、政治への関心など、若者たちは大正デモクラシーに沸いていた。

稲の穂の上を北風がざーっと吹いて来て涼しく襟足をかすかに寒く感ぜしめる。秋だ。人が稲の間に居るかと時々案山子を見違える。河原はただ黄金の波だ。すべての富は百姓のものだ。

（一九二三年九月二十二日・盛十九歳）

十九歳の盛は、講演会にもよく顔を出し、講師や内容の良し悪しを批評している。文学的な表現も散見され、「ぽたりぽたりと落ちる、雨の雫の一滴ずつの音。それは静かだ。その音を通して、春の女神がやってくるようだ」とつづる。

一九二四年には、信南自由大学に参加した。土田杏村らが唱えた「民衆が労働をしつつ生涯学ぶ民衆大学」という理念を掲げる教育運動で、長野県では広く地域社会に浸透していく。下伊那では、地元の青年たちが自主運営で開講、文学や政治、経済、法律、生物など八講座に講師を招き、夜三時間ほど講義をする。一九三〇年までに二十回余り開催された。受講料は一講座三円と決して安くはなかった。下伊那地方が養蚕業の好景気に沸いていたことも講座開催の背景にある。

盛は、「健全な国民を養成する」とうたう学校教育を批判し、「なぜ健全な社会を作ると云わぬのだろうか。我々は生徒本位の学校を作らんとす」と記し、「農村の振興、そして此の峡谷で大なる思想団を建設して社会に新機運を産ませたい」と抱負を語っている。谷川徹三の哲学や山本宣治の生物学など新進気鋭の学者の講義に感銘し、「此処にこそ次の社会を動かす原動力は醸されて居るのである」と期待を寄せ、長野県の山村で自由主義の風に触れていた。

同じ頃、下伊那では青年運動も盛んで、普通選挙制を求める運動などを展開していた。その中心メンバーら二十六人が一斉摘発され、十九人が起訴される事件が起きた。盛は、青年たちは当然のことを主張しているにすぎず、逮捕は馬鹿らしいと一蹴した。「余計に反抗心が燃え出した」と書いている。村で働く農民へのまなざしには、階級意識の影響が色濃く映し出されている。

百姓は憐れだ。絹片身伽藍の者は蚕を養う者に有らざるなりと同じく、米飯を食する者は却って百姓ではないのだ。丁度、自分等は泥土の中に入って其の上へ上流階級人間に泥の着かぬ様に肩へ載せてやる様なもんだ。涙が出る。

（一九二三年七月二十六日）

広い河原の向うを電車が走る。流れた屑木を拾う人影が見える。焚き火の廻りに集まる一団の人々。異様な風貌、而し眼は温順である。極く鈍な様な顔の人だ。而し国家も社会もむずかしい理屈を解する人々に拠っては立ってゆかれぬ。此の一団が無くては社会は滅びる。生産と云う尊き使命を持てる一団。

（一九二三年十二月二十五日）

この時期の日記に多く登場するのは、「正しい物を見、正しい所へ進んでいく。斯うした心持ちで生活を続けて行きたい」など、正義や公正さ、真理を求める言葉だ。

人生は苦悩の地か、楽園乎。矛盾と虚偽と、模倣と因襲と、伝統とで固め上げてある極めて不合理な社会である。之を一つなり正して道に挽く、我々の生活をより良くせんが為には、大きな苦悶を要する。して、我々は苦の中に幸福を感ずる人になりたい。

（一九二四年十一月八日・盛二十歳）

世の理不尽や不正に強い関心を持つ一方、農村の日々を生きるなかで、理屈では割り切ることのできない現実にも目を向けていた。

働いても報われない農民の暮らしに心を寄せるほど、地主の家という自分の立場への疑問が強まってくる。葛藤し、正しく生きる道筋を探し、もがいていた。

朝、数件の年貢の催促に行く。強い事は云えない。気の毒な感じがし、貰う事が正しくないような気がする。財を作る事が良いか悪いか、筋肉労働によらぬ儲けをなす事の正否等が判らない。

（一九二五年三月二十日）

現実の生活で感じる自らの打算的な振る舞いや諦念、妥協的な意識、熱意の喪失なども率直につづっている。自己嫌悪をさらけ出し、自らを鼓舞していく。

もっと自由に強く、正しく生きるべきだ。今の自分は何を一番重大なものとして動いて居るだろう…！自身にさえ恥ずかしい。土地、金、社会的地位、生活の安定等、そんなものがいざと云う時幾千の価値があるのか。

（一九二六年七月十五日・盛二十三歳）

若き日の祖父に触れ、ページをめくる伸の表情は柔らかい。時折、笑みもこぼれる。「真によく生きんとする精神だけは失うまい」「下らない人間の中へ魂迄堕して行ってなるものか」など、散りばめられた言葉の数々に、百年の時を隔てて、十代から二十代になった頃の祖父と心を交わすような感覚に包まれていく。

「祖父も若い頃、自由と平等を求めていたと分かると、うれしいもんですね。祖父の言葉が、問いかけになって、今の僕に響くっていうとこがある。祖父がこの時迷っていることと同じ事を、やっぱり、今、僕も迷うもんね」

盛の人権感覚と理知的な感性を知る日記がある。日本人の傲慢《ごうまん》さを批評する記述だ。一九二七年の秋、手伝いに行った家で、雇われていたひとりの朝鮮人に出会う。

日本人になった事は彼にとって幸福でないだろう。それにも関わらず従順に日本人だと云ってる、それを尚馬鹿にして喜んでいる日本人は文明国人なのだろうか。

（一九二七年十月二十四日・盛二十三歳）

一九二八年の五月には、中国の済南地方で起きた動乱について記している。済南事件と呼ばれ、蒋介石が率いる国民革命軍と日本軍との軍事衝突が起き、中国の外交交渉員や市民を含む多くの死者を出した。日記は、事件の発端とされた日本人への襲撃のことを指していると思われる。関東大震災の朝鮮人虐殺に言及しつつ、世論にくみせず、問題の本質を見ようとしている。

支那人の虐殺振りは言語に絶した暴虐である。然し、去る十二年の震災の際、我が国人が朝鮮の同胞に臨んだ態度はどうであったか。〔中略〕吾々の同胞のやった事は悪くなくて彼れ等のやった事のみが悪いのだろうか。それよりも何が故に支那人が我が同胞に対してこんな行為を為したのかを識りたい。知らねばならぬ。

（一九二八年五月八日）

自由主義を謳歌《おうか》し、教養を積み、土に生きる農民の立場から、日本という国や社会の在り方を深く洞察していた盛に、転機が訪れたのは一九二九年。父親が亡くなり、二十四歳で胡桃澤家を背負わなければならなくなった。当主としての仕事は想像以上に多忙で、時に弱音を吐いたり、強がって見せたり、現実の生活を受け入れようと必死だった。

俺はこんな事をしている間に、人間味のない経済的一面をのみ持った人間になって行くのではないだろうか、と密かに案ぜられる。が、俺の念頭から何時も絶えない事は、己に対しては正しく、人に対しては寛に、そして欲気を去ってやって行こうと云う事だ。

（一九二九年一月三十日・盛二十四歳）

盛は、一九二五年、二十二歳で結婚している。翌年には、長男が生まれ、「愈々父親になったのだ」と控えめな表現ながら喜びをあらわにした。しかし、四日後に子どもは亡くなり、言葉は少ないが、悲しみをにじませる。

四年後、妻の久恵が、再び妊娠した。ただ、精神衰弱で体調を崩しがちになり、実家に戻ることが増えていた。盛や周囲も心配するなか、男の子が無事に生まれ、亡き父の名をとって、栄と名づける。

盛は、六年の間に、母親が亡くなり、弟が他界し、わが子と父親を亡くしていた。そして、この年、畳み掛けるように悲劇が襲った。

私には書く事の出来ない記録を此の一頁へ記さねばならぬ。〔中略〕久恵が無断で四時頃家出したとの報。驚いて直ぐ駆けつける。一廻りして呆然と家人が帰った所であった。裏の部屋口から出たらしい。孟宗藪の下に草履が一足あったとの事にて入水したものと推察されるとの話河原へ出て見ると、其の草履の脱いであったと云う箇所から続いて裸足の足跡が点々続いて川に至っている。愛児栄も共に行ったのである。

（一九二九年五月三十日・盛二十五歳）

午前十一時頃、四五丁下流で発見された。二人一緒に。彼快活に見えた、総ての力を尽した愛を自分に捧げて呉れ、私も愛しきって居た久恵が斯うした悲惨な最後をとげ様とは、思われない。然し事実なのである。夕方、変った姿で家に帰った二人の屍を見た時、涙が出て出て過去が追憶されてならない。二人の前へ寝た。

（一九二九年五月三十一日）

二〇一七年夏、伸は初めてその場所を訪ねた。河野の集落で唯一つ天竜川に架かる万年橋の近くだった。河原に降りていく伸は、少し歩みをゆるめた。心がざわついて震えていた。天竜川が大きくうねり、しぶきをあげている。河原を歩き水際で足を止める。じっと流れを見つめ、ゆっくりと下流へ視線を移していく。入水する母子の姿を重ね、祖父の深い悲しみを思う。「そういえば」と思いついたように口を開く。「子どもの頃、水に入るのが恐くてね。何か関係があるのかなと思ったり」。自分に連なる死のひとつでもある、そんな感覚にとらわれていた。

盛は、亡き妻子の本葬の日、周囲が再婚問題を話し合っているのを聞いた。胡桃澤家を守るためとはいえ、盛は地域社会に根付く因襲に困惑する。それでも半年後に、久恵の妹・覚と再婚した。時代は一九二九年の世界恐慌から戦争へと向かっていく。

三　侵略への道

河野村は養蚕を主な生業とする村であったため、世界恐慌による打撃は甚大で、社会不安に陥っていく。日記には、じわじわと忍び寄る不況が深刻になっていく様子が繰り返し書かれている。

盛は、村の経済を厳しく見ていた。養蚕経営の採算を計算した結果、長い間かけて資本を投下している桑畑を、すぐに他の作物に変えることはできず、「働く程に損が立つとは不思議にさえ思われる」と指摘する。

さらに、養蚕業が好調だからといって、資産状況や採算を顧慮しないで、不動産へ借金投資をした事も問題視している。好況の熱にうかれ、返済もせず、見通しも立てず、放置している体たらくにあきれ、「百姓の経済的無自覚を覚さねばならぬ。来年は来年はと何年待ったのか。遂に農村の亡びる日が来る」と憤りさえ感じているようだ。

盛は、この農村の現状を前に、自らの将来について思い巡らせていた。そして、二十九歳の時、村会議員に当選し、村の舵《かじ》取りを担っていく。村の財政は、金融の債務累積で機能まひに陥り、不良債権処理に忙殺される。

当時、政府は、農村の経済更生計画を立て、自治体に指示する。盛は、政府の方針を批判的に見ている。村議であり、消防組合の幹部であり、養蚕実行組合長であった盛にとって、健全な村を作ることに寄与する施策なのか、それが政府の政策の良し悪しを判断する基準だった。

天地返しをして新しい砂土が表面へ現れた所はい々気分。土の色、土の香り、い々ものだ。全体的の農村更生、それは何時の日か。或いは支配者の農民に対する一つの希望を失わせない為めの宣伝位いに過ぎないかも知れぬ。

（一九三五年十月十三日・盛三十一歳）

恐慌下の窮乏で、農村のもろさを目の当たりにした盛は、目指すべき村の形を模索する。

蚕糸の価格回復に見切りをつけ、独自に小麦などの増産に取り組み、自給以上の収量を得て、利益も生んでいる。自らの手腕に自負を覚え、手応えを感じていた。村民が豊かで安定した暮らしができるためには、多少の不況でも崩れることのない、経済的に自立できる村が必要だった。そこに自らの使命、進むべき道を見いだそうとしていた。

この世の中で、正しく生きたいと願い、貧しい農民の境遇に心を寄せていた盛の人生は、その願いの強さ故に、少しずつ狂い始めていく。

一九三七年七月七日の盧溝橋事件を契機に、日中戦争が本格化すると、日記にも、少しずつ変化が見られるようになる。

日支関係漸次悪化、重大化しつゝあり。世相の流転予断し得べくもないが、数年前の社会情勢に比して幾分の安定を見つゝあるが今日再び国際的危機を深めるは喜ぶべき事でない。戦時に於ける農村の位置はどうなるのか。〔中略〕東洋の平和を招来すること々もならば私達は如何なる犠牲にも甘じて国家の為めに働かねばならぬ。

（一九三七年七月十四日・盛三十三歳）

夜、南京陥落の提灯行列をなす。盛んな行列だった。終了後、公会堂にて祝宴を開く。
（一九三七年十二月十五日）

皇軍は今や上海、南京を抜き、徐州、九江を陥し、今や漢口の陥落も目前に迫っている。東洋永遠平和確立の為め陣没せる英霊に感謝の念を捧ぐる。
（一九三八年八月十四日・盛三十四歳）

盛は、満州事変による国際的緊張がようやく解けつつあった情勢で、戦争を望んではいない。心を動かしたのは、「東洋の安定」という理想であり、そのために必要な「平和のための戦争」という論理だった。そこにある矛盾への内省は失われ、国家への奉仕を誓う思考へと組み込まれていく。

ただ、国策となった満蒙開拓団の送出には慎重な姿勢を示している。平和のための戦争には協力するが、開拓団は送らない。盛の中では、国策といえども、「経済的に自立した村」を建設するために満州へ開拓団を送る理由がない。

助役を経て、一九四〇年十月三十一日、河野村の村長に就任する。新聞には三十六歳の村長出現の見出しが躍る。下伊那郡内の最年少村長は「口も八丁手も八丁と云う覇気縦横の才士ではないが真面目で新体制下諸般革新を要する時青年胡桃澤氏の登場は独り河野と云わず各方面に期待をつながれている」と書かれ、郡内でも大きな話題となった。

村長就任の直前、日本の政界に大政翼賛会が発足した。新体制運動推進を目的とした官製組織で、全政党が解散して加わった。十月十二日の出来事だった。

村長としての盛の最初の大仕事が、一九四〇年十一月の紀元二千六百年の祝賀行事への出席だった。全国から五万五千人、長野県内から七百八十一人、下伊那から三十八人が参加した。当時の様子を記録した写真集には顔写真入りで名前が載っている。皇居前広場を埋め尽くす人々が中央の天皇に向かって万歳三唱している写真は圧巻だ。その日の日記は、盛の熱狂ぶりが伝わるようであり、同時に盛の変貌ぶりにいたたまれなくなる。

近衛首相の御先導にて天皇陛下、金光厚相御先導にて皇后陛下後参着。金屏風を背に玉座につかせ賜う。目の当り拝する両陛下の御姿。首相の祝詞、陛下勅語を賜い、十一時二十五分近衛首相の発声にて陛下の万歳三唱に和し全参列者、全国の、否全世界に在る同胞等しく万歳を三唱し、聖代に生を受けし喜を高らかに唱う。我民族のみの持つ矜りだ。

（一九四〇年十一月十日・盛三十六歳）

この年の大晦日には、「新しい歳を迎うるに当り愈々心を引き締めて村の為め御国の為め己れを空しうして御奉公の誠を邁まねばならぬ」と書かれている。日記は、若い頃の等身大でみずみずしい豊かな表現は影を潜め、戦時中の決まり文句を羅列するような文章であふれていく。まるで、破滅への道に自らを鼓舞しながら進んでいくかのようだ。

自由主義、個人主義の長き伝統の中に生きて来た人々を全体主義に融け込ましめて行く事には努力が要る。そしてもっともっと真剣に此の変革期の指導者としては没我の気分で行くのだ。

（一九四一年十月四日・盛三十七歳）

赫々たる戦果に依り一躍米英と太平洋上に於けるその地位を転倒。国民の精神が弥や上にも昂揚す。十二日村民大会開催。村民の必勝の信念を固む。〔中略〕多事なりし昭和十六年は後数時間で暮れて、我が民族が三十年来曾てなかりし大いなる発展をなすべき輝かしき年が来る。来る可き十七年こそ真に一億国民が全精力を傾けて戦い建設すべき大なる使命を果すべきの年だ。

（一九四一年十二月三十一日）

日記を読み進めてきた伸は、日を追うごとに考え込むような時間が増えていた。日記を通して具体的に描かれる戦時中の村の様子は全体主義そのもので、それを指揮するのは他でもない祖父なのだ。

「戦争一色になって、勝つとか増強せよとか耐えろとか、世の中にあふれる文字も、日記もこういう文言でいっぱいになったら、人間の自由な心はどこかへ行ってしまう、それが嫌ですよね。政治家として自分の欲を抑えて村民のために尽くすのはいいと思うけど、尽くす内容が国の言いなりだから、結果的に村民に大きな迷惑をかけたわけでしょう。求められる役割をこなすことだけに気持ちが向いてしまって、求める方が国家でも拒絶しないわけですよ。実際は国のいいようにやられているのに、村の発展とか村のためとか言って、結局、祖父には考えぬいたところがなかったと思います」

満蒙開拓には消極的なまま、「食糧増産等農村の果すべき奉公に励めばいい」と記し、銃後の村として食糧の供出などで成果を挙げようとする。戦争が、総力戦へ突き進む時代に、「自己を一層空うして村の為御国の為に合致する様、自己内面に於ける意欲を抑えつけていく事」を自らに誓っている。

総ての必要物資が割当制になって来て、貧富の差に依る生活の物的差異は非常に巾が少なくなって来た。何の階級の人達も余り違いのない生活をなし得る事が新しい民族の発展成長し得る要諦ではあるのだ。〔中略〕世界戦争は、其の最もよき機会である。

（一九四二年十月二十九日・盛三十八歳）

物資が不足し、貧富の差は確かになくなっていたかもしれない。「貧富の差がない」ことだけを見れば、理想の世界が実現していたのかもしれない。しかし、その背景や理由について、どう考えていたのか、伸も、日記の中にその言葉を見つけることはできない。

「戦争が始まって、みんながひとつのことにまとまっていって、生活も倹約するようになって、村のみんながね、協力して、供出したりとかしているのを見て、わー、何か自分の思っていた村が出来上がっているって思ったんだろうね。公に尽くしているから人のためになっているかっていうと大間違いで、おじいさんは、本当そこにはまってしまったなと思いますよね」

一九四二年、拓務省は満州移民の第二期五カ年計画を発表する。全国で十二カ所の満州開拓特別指導郡を選定、長野県では下伊那郡が指定された。下伊那では、既に七集団千八百十戸を送り出していた。さらに五年間で九集団二千戸を送出するよう指示される。

河野村は、総戸数五百十七戸のうち、過剰農家の戸数は百九戸、分村する開拓団の戸数は五十戸と示された。盛は開拓団の送出について準備委員会を作り議論を進めていくが、依然、慎重姿勢を崩していない。

夕方、滝川素一君に役場で合う。開拓団送出の件。今春以来の計画から一度退いて村の現状より考察して、其の出発を革（あらた）むべくに着眼せりと。来る所迄来たのだ。退歩のようではあるが、こゝから出発し得るのだ。

（一九四二年七月二十四日・三十八歳）

この時期の盛は、分村を全く否定しているわけではなく、自分なりに知見を重ねようとしていた。日本で初めて分村開拓団を送った大日向村については第三章で詳述した。盛は小説『大日向村』を読み、分村の可否には言及していないが、村長の毅然とした態度に指導者のあるべき姿を見ている。一九四二年の九月には、同じく分村開拓団を送った富士見村を訪ね、担当者から話を聞き、耕作地の交換分合で実績を挙げていた集落を視察している。盛は分村の可否を決めかねていたのだ。

そうした折の出来事だった。一九四三年四月十二日、長野県知事の郡山義夫が、全国地方長官会議に出席した。その時、天皇から「長野県民の満州開拓移民の状況はどうか」と下問された。それまで全国で最も多くの開拓民を送り出していた実績が認められたのだ。知事は

「目下満州にある県民は、開拓に懸命の努力をいたしておりますが、県におきましても、その後続部隊の養成練成に万全を期しておる次第であります」と答えた。

たった一言、天皇のこの言葉を最高の名誉として、市町村宛てに告諭を出し、県民一体となって満州開拓を進めるよう奮闘を呼びかけた。

「開拓事業の進展に、一層の奮闘努力を致し、以って、大御心に応え奉らんことを、期すべし」と。

伸は、『長野県満州開拓史』で、この事実を知る。天皇の一言が、どれだけの影響力を持っていたのか。当時の国家体制の中でそのことは想像はできるが、県の行政官が忖度《そんたく》するように自らの権力を行使して行動を起こすことは許されるのか、疑問を禁じ得ない。そして、祖父も、抗《あらが》うことなく、むしろ自分を同一化していくことに、憤りとは違う、空疎な気持ちを抱くと語った。

同じ頃、国は新たな施策を打ち出す。盛の決断を大きく左右することになる「戦争遂行のための農村＝皇国農村」の建設だ。その第一段階として、全国で標準農村を選定する。盛の心は動いた。選ばれることは、千載一遇の機会だと感じたのだろうか。村にとっては名誉であり、何よりインフラ整備などの見返りもあった。

盛は、助役の時代から、県庁をたびたび訪れ、道路の改修や建設を陳情した。その件で、東京の内務省にも足を運んでいる。経済的に自立する村のために、生産量の増大だけではなく、効率的な運搬と物流を可能にする道路の拡幅や新設は是が非でも必要だった。日記には、県庁の農政課で、標準農村選定について極秘情報を得たこと、河野村の順位はいい所にあると聞いたと書かれ、盛は、期待を膨らませている。

県も好機とばかりに、皇国農村の条件である分村移民の送出を畳み掛ける。一九四三年は、五月にアッツ島玉砕の報が伝わり、戦況が悪化していく時代だった。

皇国農村建設の為め標準村指定全国に於て三百三町村。内県内は最も多く十三ヶ村。本郡は三ヶ村にて河野、上郷、山本。確定の上は、強力に押し切って国家の要請と本村百年の繁栄の基礎を築く可く奮然起つのである。

（一九四三年九月二十八日・盛三十九歳）

日記には、当時の新聞記事が挟み込まれている。河野村は、壮年層から若年層へ村政の主導権が移り、農業改革も成功している。さらに村を挙げての皇軍の武運長久祈願なども評価され、古い殻を脱却して、標準農村目指して力強く歩みを進めている、と書かれている。すでに分村した大日向村や富士見村は、県内でも一目置かれる存在になっている。分村すれば、国からの優遇措置もある。道路整備への補助金など、村にとっては、大きな魅力だった。盛の迷いは消えていた。

開拓団建設の件。ハルピン郊外平房へ筒井氏の計画に基いて、村の事業として送出計画を進むる事に肚を定める。斯く決意して見ると、それだけの広い視野が開け、朧げ乍らも出来得るとの信念が湧く。安意のみを願っていては今の時局を乗りきれない。俺も男だ。他の何処の村長にも劣らない、否勝れた指導者として飛躍しよう。

（一九四三年十月二十一日）

盛が開拓団送出を決めた日の日記に、伸は悲しみを募らせる。「俺も男だ」というのは、村長が村人を巻き込んだ重大な事案を決める時の言葉ではないと。他の村長との比較で、自分の価値を図るようになっている。「正しく生きたい」と自らに言い聞かせてきた祖父は、銃後の村としての使命感に燃え、戦争へ、移民送出へと突き進んでいく。伸はその姿を目の当たりにする。

農村も食料増産だけでは責任が済まなくなって来た。軍事要員の急速なる送出を行わなくては責を果されない。海軍志願兵二〇名。今度割当の陸軍諸学校生徒割当十一名。計これだけでも三十一名の青少年を出さねばならぬ。世の総ての親に子は御国の者と云う観念を一層明確に持って貫わねばならぬ。

（一九四三年十月三十一日）

盛は、満州分村移民送出の実施、皇国農村建設のための標準農村事業の具体化、供出要請への対応、出征兵士の送り出し、迎え入れ、英霊の村葬、疎開児童の受け入れに多忙を極めた。

「戦争って土地の取り合いだし、資源の取り合いだし、恐ろしいなと思いましたね。そのことには気づかなかったと思う。祖父の間違いは、そのあたりから始まっていたと思いますよ。軍国主義に抗《あらが》えなかったことにね。未来の人が過去の人の過ちを指摘するのは簡単だってよく言いますけど、僕にとって祖父の過ちを指摘するのは全然簡単じゃないです。怒りも湧くし、悲しくなるし」

四　祖父が見た満州の夢

二〇一七年八月、伸は中国へ。祖父が生きた戦争の時代を辿《たど》るためだ。吉林省の長春は、日中戦争時、満州国の首都であり新京と呼ばれていた。盛が訪ねたのは、七十三年前の一九四四年三月。開拓団の先遣隊と共に、入植地を視察するためだった。朝鮮の釜山に着いた後、急行で新京へ向かう。この急行列車の名前は「ひかり」。同じ路線を昼夜逆転で運行した姉妹列車は「のぞみ」だ。

夕刻、釜山着。八時十五分発ひかりに乗車し一路新京へ向う。〔中略〕こゝ迄来て御稜威の有難さと、日の丸の偉大なるを識り得る。

（一九四四年三月十九日・盛三十九歳）

朝、奉天通過。窓外白雪に覆る。広漠たる大平原。

（一九四四年三月二十一日）

新京市の東方小高い丘を越えた次の盆地。村の東にも小高い丘があり、地は肥沃。家も却々いい。

（一九四四年三月二十四日）

一時間歩いて見たが、丘を越え低地を越えても同じ事。広い。

（一九四四年三月二十六日）

峠の頭で見ると家の前に大国旗がひるがえって居る。い々村だ。原住民代表をも招きて懇談会を催す。母村々長として、丁さんの通訳で母村の状況、分村を作るに到りたる動機、経過、将来の理想、官公署並に原住民の協力を要望す。其の後、男ばかりの宴会。お客様の帰られた後、伊那節で気勢を挙げる。

（一九四四年三月二十九日）

伸は、長春の郊外、河野村開拓団が入植した地を訪ねる。引き揚げ者が記した詳細な地図と、目印になる山や川、現地での聞き取りなどから、場所を特定することができた。幹線道路に沿うように続く集落を、とりたてて目的があるわけではないが、何かを探すかのように、辺りに目をやりながら歩く。人の気配がないのは、ここも開発の予定があるからなのか、隣では高層マンションの建築が進んでいる。

「こんな広々とした農地があって、どこまでも平らでしょう。『いい村』が手に入ると思って、舞い上がったのかな。村の発展を願った祖父の気持ちが、侵略の意図と重なってしまった、この『いい村だ』っていう四文字は、重いですね」

御稜威《みいつ》と日の丸の威力を精神的な背景にして、現地の農民の耕作地と家屋を半ば強奪して、「母村の村長として」分村の経緯と理想を語り、協力を要請している。最後は、伊那節を歌い気勢を上げる。これこそが侵略であり、植民地支配そのものではないのだろうか。祖父に強奪感や罪悪感がなかったとしても、むしろ無自覚であるが故に、より罪深い。他者への意識もなければ、本来持ち合わせていた謙虚さもない。あるいは中国人には不要と考えていたのか。悪い中国人を懲らしめろという「暴支膺懲《ようちょう》」の、当時流布されていた根拠のないスローガン、その差別意識に、祖父も反省すらなくくみしていたのか。伸は考えを巡らせていた。

　盛の視察から五カ月後の一九四四年八月、河野村開拓団は入植式を開いた。分村の建設が順調に進んでいることに、盛も期待を寄せている。

　下伊那郡で新たな集合開拓団の計画について、町村長会が開かれた日の日記には、「開拓計画は全郡の未計画二十ケ《ママ》村にて一団編成送出なる。小さければ小くて却って拓士を得る事至難。集まりたる者も屑ばかりで、立派な団は出来ない。（中略）河野の場合は先ず上々の出発と云う可きだろう」と自信の表れなのか、周囲の町村を見下したような記述が見られる。

この年の七月には、サイパン島の日本軍が全滅、九月にビルマの皇軍全滅、テニヤン玉砕など、日記には戦況の悪化もつづられる。盛の真面目さは、頑なさと表裏をなしていた。

午后、翼賛会協議会。駄目な空気。米英撃滅一億総進軍の出発協議会と云うには余りに低調である。

（一九四四年十二月六日・盛四十歳）

戦争の様相は愈々熾烈の度を加え来り、敵機は連日内地に飛来。亦国内の経済様相も悪くなって来る。此の際我々農村民が頑張らねば皇国護持の大任は誰が負う。

（一九四四年十二月八日）

一九四五年の一月には、開拓団の家族六十人を送り出す。三月に、念願だった農道の起工式を迎え、「多年の懸案一挙に解決せんとす」と喜びを隠さない。四月には、食糧などの供出で成果を挙げ、長野県から優良村として表彰されている。
社会の底辺で辛苦をなめさせられる農民が豊かな暮らしを手に入れるための村。苦境にも揺るがない経済的に自立した村。盛が求める村づくりが進んでいく。それは戦争を推し進める国策に後押しされる形で、多くの犠牲の上に成り立つ「幻の村」だということに気づいていなかった。そして、村民の心が離れていくことにも。

午前五時、大詔奉読式を行う。出席多からず。沖縄の戦局極めて不利なる今日、寂寞たるものあり。列後に陥つる者は落ちる。一人になっても頑張り抜くのだ。
（一九四五年六月八日・盛四十一歳）

祖父と開拓団の事実に近づきたい。伸は、日記を読み進め、祖父の足跡を中国に訪ね、河野村開拓団の入植地に立った。そして、当時、入植地に住んでいた人に会うことができた。八十八歳の蔡忠和は、少し離れた集合住宅で妻と暮らしていた。当時十四歳で、家族は半ば強制退去させられた。開拓団に、追いやられた形だ。伸は、祖父の過ちを謝りたいと伝えた。蔡は不思議そうな顔をしたが、すぐに笑顔で応える。

その後の暮らしについて尋ねると、蔡一家は、村から少し離れた、それまで誰も住んでいなかった場所に草の家を建てて暮らしたと語った。一帯は湿地帯で、米も野菜も作れない痩せた土地だったと。腹が立ったのではないかと聞くと、複雑な表情で、説き伏せるように、ゆっくりと言葉をつないだ。

「住めなくなったけど、命さえあれば、それでよかった。日本人の言うことが絶対だったから。開拓団が耕し始めた土地はもう日本のものだった。食事は、食べ物もあまりないから、どんぐりの実を粉にして食べていた。おなかをこわしたり、痛がったりしたことはあった。食べにくかったか？　食べにくいも何も、おなかがいっぱいになれば、それでいいんだよ」

祖父が見た満州の夢、その実像を初めて聞かされた。

「祖父が決めたことで大勢の村の人が命を落としたのは悲しい。でも、一番悲しいのは、村に良かれと思ってやったことで、侵略の側に立ったってこと。それが一番悲しいね。一番悲しい。おじいさんの日記読んでいると、『正しく生きたい』ということを繰り返し書いてあるんですよ。そのおじいさんが、こういうふうに、国策にのって、侵略の側に立っていったっていうのがね、それが悲しい。ものすごく悲しい」

伸の頬を一筋の涙が伝う。敗戦後の祖父の日記が浮かぶ。「省みれば総ては一場の夢である。世の事総ては夢だ」。遅すぎる、なぜ、もっと早く気づかなかったのか。踏みとどまり、自分が歩いてきた道を振り返らなかったのか。敗戦後の日記につづられる、かつての祖父に戻ったような文章が、余計に悔しさをかき立てる。

余りに米国礼賛の一途へ猫も杓子も調子を合わせたがり、軍部、官僚のみ攻撃すれば足れりとして論じ立てる人達もどう云うものか。

（一九四五年十一月二十四日）

盛は、連絡が途絶えたままの開拓団を案じ、上京して外務省に消息を尋ねている。開拓民が引き揚げてきたときのための新たな入植地を、宮崎県などに探していた。無事に帰ることだけを願い、信じていた。

消息は分からないまま、一九四六年を迎えた。神経衰弱気味で体調がすぐれない日々が続く様子がうかがえる。指導者としての自分を懐疑的に見るようになり、内省的な記述が増えていく。そして、四月二十三日、敗戦後の事務処理などに区切りをつけて村長を退いた。戦争中に提灯持ちをしていたことを恥ずかしいとつづり、隠者の生活に入りようやく真の価値が分かると自らを諭す。

これから後を立派に生きねばならぬ。過りなく、健全に生き抜き、卿かたりとも社会の為に尽し得ますようにと祈る。

（一九四六年五月二十三日）

この頃になると、下伊那郡内にも、満州からの引き揚げ者が帰郷するようになり、他の村の者から、満州の悲惨な状況が伝わっていた。

こんな筈では無かったと思う程苦痛大。頭も疲れ身体もつかれる。〔中略〕もう此の苦痛もよく判ったから赦めて頂いて朗かに暮さして頂く様な運命の再来を希う。之以上此の点で苦しんでいたくない。過分な事は望まない。心だけ、生みの物だけが与えられ々ば満足して通さして頂き、決して余は望まない。心の明るくなるように、隣人に愛して頂けるように、それだけを希う。

（一九四六年七月二日・盛四十二歳）

小麦一俵供出。自分で引いて行く。何となく世間が冷たい。

（一九四六年七月六日）

世の変遷実にめまぐるしく早い。

（一九四六年七月十日）

終日の不慣な労働に身体がぐたぐたに疲れ、神経のみ光る。

（一九四六年七月十四日）

みずみずしい感性で世の中を見ていた冗舌な文章は、戦争の激化に呼応するように煽情的になり、この時は、つづられる言葉は少なく、力無い。

伸は、祖父が亡くなった座敷で、和紙をとじた日記を慎重にめくる。筆致は柔らかく丁寧であるが、研ぎ澄まされた感覚が伝わる。

「この日から二日後が最後でしょう、書けなくなったと思う。きっと書くことができないほどの苦悩が襲ったんだと思います。もし、書き続けていられたら、死を選ばなくてもよかったかもしれない。悔やんだと思いますよ。でも、誰かに言えたのかなって思います、そのことをね。あまりに、自分の行いが認めかねるものでね、自分でも。誰かに言えたのかなって」

最後のページは、破られていた。そこには、遺書があったとみられている。誰が破ったのか、行方は分からないが、当時の新聞が、そこにあった最後の言葉を伝えていた。

開拓民を悲惨な状況に追い込んで申訳がない。

あとの面倒が見られぬことが心残りだ。

財産や家は開拓民に解放してやってくれ。

伸は、暗澹《あんたん》とした思いと割り切れない違和感を持ち続けてきた。祖父が自殺したのは、本当に責任を感じてのことだったのか。

「自分の間違いを償う方法として、自分の一番大事な命を諦めるっていうか、そういう気持ちはあったと思います。国や県の役人からすれば七十三人というのは人数ですけど、祖父からすれば一人ひとりの顔が浮かんだと思います。自分だけ生き延びていることはできないなって。やっぱり村の人と、村の人の命とね、自分の命が、近かったっていうか、つながっていたと思います」

伸は思う。祖父が、責任を感じていたことは事実だろうが、それは、死によって責任をとることとは別だ。ただ、残された人々、家族や親族、村の人々にとってみれば、それはある意味で納得のできる答えだったのかもしれない。国や県としては、引責による自死という形で盛が責任を引き受けてくれれば、都合がよかったのかもしれない。あるいは、逆に、自分たちの責任も追及されかねないとおびえていたのだろうか。まずいことをしてくれたと。

しかし、祖父は、死によって罪を償おうとしたのではない。開拓団を送り出した責任、植民地支配の一端を担わせた責任、集団自決を招いた責任、現地の農民の生活を踏みにじった責任……。自らの責任を痛いほど感じていたからこそ、誠実に受け入れようとすればするほど、受け止められなくなっていったのではないだろうか。生きる「よすが」を失ったのだ。

仲の視線の先には、座敷の鴨居の傷がある。遺書に込めた祖父の考えには救われるものもあると語る。敗戦後、自らの過ちに気づき、責任を自覚して、引き受けようとした祖父の覚悟が感じられるからだ。最後まで「正しく生きたい」と思っていた祖父。一歩は踏み出せなかったが、半歩だけ進むべき方向に足を踏み出せたのではないか。それが、祖父が自分に残してくれたものなのではないかと仲は感じていた。

最期に心に浮かんだものは何だったのか。その問いかけに、仲は鴨居の傷に目をやったまま、少し思いを巡らせていた。

「鴨居に紐《ひも》をかけて、死ぬぎりぎりまでは、満州で起きたことで心がいっぱいだったと思うけど、最後に見たのは、天竜川の水面の光が当たるせせらぎか、山の頂、どちらかだと思うんです。日記を読んでいても、ものすごく農作業の記述が多いでしょう。やっぱり土に生きる人だったと思う。だから、おじいさんは、畑に出て農作業している状態に帰っていったというか、最後に心に映ったのは、そこから眺めた天竜川や山の頂だったんじゃないかな。おじいさんが抱えたものが、そういう景色を見て少しでも和らげばね、そうであってほしいという願いもあるし」

二〇一七年八月十六日の夕刻。

幹線道路を行き交う車のクラクションが夏の黄昏時を雑多な現実へと引き戻す。仲は道路から少し奥まった沼地へ歩いていく。中国、吉林省長春の郊外、そこは集団自決の地。

河野村開拓団の入植地に暮らしていた蔡忠和から、その日のことを聞いていた。日本人が大勢死んでいるという話が伝えられた。当時十四歳の蔡は、怖くて見に行くことができなかった。「目立った傷跡もなく血も流れていなかったから、毒を飲んだのではないかと噂になった。まさか日本人が自殺するとは思わなかった、みんな帰ると思っていたのに、どうして先のことを考えなかったのか。かわいそうだった」。遺体はどうなったのか、仲の質問に、蔡はためらいながら答える。遺体がどうなったかは分からない、埋葬したという話は聞いていない。そして、少し言葉を詰まらせながら、野犬に荒らされたのかもしれないと、遠くに目をやった。

少し高台になった畑地の先が、その場所だった。開発が進み、大学の予定地になっている。おそらく翌年になれば、コンクリートの敷地に校舎が立ち並び、何ごともなかったかのように事実も記憶も消えていくだろう。かろうじて農村の面影をとどめる場所は、工事用の窪《くぼ》地の向こうにトウモロコシ畑が続いていた。河野村開拓団七十三人の命日に、この終焉《しゅうえん》の地に、立ちたいと思ってきた。祖父も訪れたいと願ったはずの、この地に。

「若い女性が自分の子どもの首を絞めて殺してね、自分たちもお互いに、死んだわけでしょう。そういう死がね、あそこにあったと思うと、それを無いことにはできないよね」

長い間、祖父の罪を自らの罪として感じてきた苦しみが癒えるわけでも、許されるわけでもない。ただ、こうする以外に何をすべきなのか、思い至らない。石を積み、花を手向け、線香を供え、人々を悼む。持参した菓子を置き、火を焚《た》く。

「子どもが多かったんでね、お菓子を。お盆のね、送り火ですよ。煙に乗って死んだ方がね、家に帰れるように。みんな帰りたかっただろうからね」

水色の空が夕焼けに溶けていく。戦後、悼む人もなく、置き去りにされた七十三人。その名前と年齢を、ひとりずつ読み上げていく。三十一歳、四歳、一歳、三十代の母親の後に幼い子どもたち。二十六歳、八歳、六歳、二十代の母親と子どもたち。次の母子へと続いていく。夕闇が降り、濃い藍色が深みを増していた。送り火の煙が白い一本の道筋を描くように立ち上っていく。名前のない墓標に、一人ひとりが生きた証しを刻みつけるかのように、その声は、どこまでも続く大地に響き、吸い込まれていった。

生前の胡桃澤盛氏（胡桃澤健氏提供）と戦後間もなく自死する盛氏がつづっていた日記の一部

あとがき

満蒙開拓はどこまでも不可解である。体験者から話を聴き、当時の外交資料や軍令、村役場に眠る行政資料を紐解き、旧満州の地を訪ね、二十年にわたり取材を重ねてきた。全貌がつかめたかというとそうではない。取材すればするほど、張り巡らされた迷路の複雑さが立ち現れてきて、混沌は深まるばかりだ。

取材を始めた頃は気にも留めなかった言葉がある。体験者が語る「満州はよかった」という一言だ。人生で一番いい時期だったと話す人も少なくない。その表情は穏やかで、優しい目をしている。日本にいた時は社会の底辺で抑圧され、敗戦後は戦場に置き去りにされた。逃避行と収容所で、家族や友達、村の仲間を亡くし、ようやく帰郷を果たしても居場所はない。「侵略の片棒を担いだから自業自得だ。満州でいい思いをしたくせに」。故郷の仕打ちは、死線を生き延びた人々を絶望の淵に突き落とした。満州で農作業にいそしむ毎日。開放的な沃野《よくや》で思い切り野菜や米を育て収穫する日々。その日常がどれほどの喜びだったのか。もちろんそれは中国人から収奪して成り立つ日常であり、侵略によって得られた偽りの世界だ。

当時はともかく、戦後、事情を知った上で、なお、人々はその言葉を口にする。被害と加害が入り組む満蒙開拓の一面に触れる言葉ではないかと思う。今はとても重く感じられる。テレビドキュメンタリーの制作に取り組むようになった二〇〇〇年代の初め、満蒙開拓は悲劇の物語として描かれることが多かった。国策の被害者である面がクローズアップされていた。加害の視点を突き付けられたのが、胡桃澤盛《もり》の日記だった。出合った時の衝撃を忘れることはない。以来、私が満蒙開拓を取材する原点になっている。

あの時代、人々は何に熱狂したのか。それはいかなる理由だったのか。侵略に同調する世論が形成され、後押ししたという事実。善良ゆえに侵略に加担してしまった人々がいた事実。盛は日記を通じて、権力者と犠牲者という図式からは見通せない重層的な構造を現代の私たちに伝えている。

狂気に駆られた人々が侵略を推し進めたわけではない。一人ひとりが、それぞれの立場で「正しい」判断をしたと信じていたはずだ。盛は、若い頃から「正しく生きたい」と願いながら、公のため、すなわち「天皇のための国」や「それに従う村」にとって「正しいこと」を選び取っていく。それが村人の幸せになると信じていた。皮肉なことに、本来、盛が持ち合わせていた人ひとりの命の尊さを思いやる感性は、正しさを求めれば求めるほど意識の底に追いやられていく。

村の指導者だった盛にとって、自分の判断を疑うこと、あるいは自分の言動や自身の在り方を常に内省することは困難だった。自らの手腕で実績を挙げた成功体験もある。国や社会における自分の立ち位置、距離感、関係性を対象化できず、日記に頻繁に登場する「己を空しうする」意識、すなわち「自分」がない状態、「主体」が喪失した状態が、恒常化していく。国家主義が触媒になったことは否めないとしても、戦争の時代だから、ではなく、人間が社会的な存在であるが故に、誰もが犯してしまう過ちなのかもしれない。その過ちに陥らないこと、その過ちに気づくこと、その過ちを正すことが、いかに難しいことなのか。盛の人生は教えている。そして、私たちに問いかけている。公であることは常に判断の正当性を保証するのか。正義は必ず正しい結論を導くのか。

盛が過ちに気づいた時に受けた衝撃は相当なものだったはずだ。国の根幹が、突然、変わり、昨日まで正しいと言われて信じていたものが、悪であり罪であると弾劾される。盛は、一九四五年十一月十九日の日記で、日本という国家への不信と戦後社会の在り方について書いている。

何故に過去の日本は自国の敗けた歴史を真実のまゝに伝えることを為さなかったのか。幕末にも鹿児島湾の調子のいゝ戦争だけを伝えている。近代日本人の頭へ、神国日本は外敵に破れないと云う頑固な信念を絶対的のものとして植えつけた。そこに悲劇の因がある。今度は敗戦日本の実相をとことん迄国民の脳裡にきざみつけて、後生忘れる事なく此の敗戦の実相の上に立って新しい日本を考えさせて過誤なからしめねばならぬ。

盛は、戦争の責任の所在を糾弾しながら、自分の行為を「戦争の時代だったから」とは考えない。自らの責任についても突き詰めていく。孫の胡桃澤伸《しん》は、「おじいさんは自分の責任を自覚して、苦しんで苦しんで苦しみ抜いてなお、責任をとる術を見いだせず、自らを追い込んで死を選ぶしかなかった。つらいかもしれないが、生きてほしかった。生きることで責任を果たしてほしかった」と語る。

盛の考えは、当時、多くの人が抱いていた感覚だったのかもしれない。それでも現実は別の方向に進んでいく。

例えば、盛の死から一年余りが過ぎた一九四七年十月。大日向村開拓団の引き揚げ者が築いた軽井沢の大日向集落で、昭和天皇の巡幸視察があった。集落の代表者は、引き揚げ後の再入植と開拓について説明した。昭和天皇は「大変苦労をかけたね。開拓の仕事は国にとっても重要ですから、がんばってください」「立派な日本人になってください」と子どもたちも含めて激励。一同は涙して「がんばります」と答えた。

昭和天皇がかけるべき言葉は、ねぎらいや励ましだったのか。「立派な日本人」とは何者なのか。

「敗戦日本の実相をとことん迄国民の脳裡にきざみつけて、後生忘れる事なく此の敗戦の実相の上に立って新しい日本を考えさせて過誤なからしめねばならぬ」

盛の問いかけは宙づりになったまま、私たちは日本の戦争責任を曖昧にした。敗戦によって何かが終わり、断ち切られたわけではなかった。「敗戦の実相の上に立つ新しい日本」とは幻想だったのではないか。戦前から続く「日本」は社会の底流によどみ、うごめいている。深く根を張っている。国と自治体の関係を歪《ゆが》め、国民を蔑《ないがし》ろにする。中国帰国者を苦しめ、今も新たな差別と排斥を生んでいる。

満蒙開拓とは何か。その問いは、歴史の検証にとどまらない。現代を生きる私たち自身のあり方を問うことでもあると思う。

最後に、中国での取材旅行のエピソードをひとつ紹介したい。

長春郊外の河野村開拓団の入植地を訪ねた二〇一七年八月。取材を終えて日本へ帰る日のことだった。空港へ行くために長春駅に向かう。渋滞がひどい街中を車で行くよりは、荷物を持ち歩く煩わしさを差し引いても新幹線を使う方が随分マシだというのがコーディネーターの意見だった。駅の正面から切符売り場、改札、乗り場へは、思いのほか距離がある。取材の機材が相当な重荷となり何度も足を止めた。鞄をいくつも抱えた女性や、大きな風呂敷のような荷物を背負ったお年寄りが、急ぎ足で抜き去っていく。通路に座り込んで弁当を広げる家族もいる。訝《いぶか》しがる人はいない。駅に限らず、街は雑多で彩りにあふれている。人々はぞんざいに見えて、たくましい。

「中国人は国を信用していません。何度も痛い目に遭っているからです。だから国を当てにしないで、自分たちの力で生きていこうという気持ちは強いですよ」

コーディネーターが冗談めかして言う。いや、意外に真実を言い当てているのではないかと納得してしまう。迷路のような構内を抜けて長いエスカレーターを上りきると、広い待合ロビーは座る場所もないほどの人でごった返していた。大きな声が飛び交い、人々の熱気に圧倒される。どこから集まって来て、どこへ行くのか。各地へ向かう新幹線はどれも満席だ。

高いビルがひしめく街は遠ざかり、集落が点在する田園地帯がどこまでも続く。昼時の車内でデッキに人の列ができている。初めて中国で新幹線に乗った時にあっけにとられた光景だ。備え付けの給湯器からカップラーメンに湯を注ぐ順番を待っている。座席のあちこちから麺をすする音が聞こえてくる。醤油や味噌の風味に香辛料が匂いたつ。

車窓の眺めは緩やかに流れていく。人の背丈を越えるトウモロコシが太陽の光に揺れている。緑に輝く畑のなかに鈍い茶褐色の道が見え隠れする。

長春駅を出てしばらくすると、隣に座った高齢の女性に声をかけられた。出発前の私たちのやりとりを聞いていたようで「少し日本語が分かる」と笑顔で話す。とっさに残留孤児なのではないかと思い、日本人ですか、と尋ねる。とんでもないというような手ぶりで中国人だと答える。彼女も満州国の時代に日本の皇民化教育を受けていたのだろうか。聞き覚えのある言葉を耳にして懐かしくなったので声をかけてみたと笑う。あなたは日本人ですか、と聞く彼女に、そうですと答えた。続けて何か言っている。私が分からないという仕草をすると、紙に書いて差し出し、ほほ笑んだ。

我们同是亚洲人

最後の三文字が分からない。離れて座る通訳に尋ねると、返ってきた思いがけない言葉に胸を突かれた。国家が掲げればきな臭く、イデオロギーとして流布されれば対立や分断を生む言葉なのかもしれない。偶然、隣り合わせになった女性が、穏やかな笑みを浮かべて、何気なく口にする。その言葉は優しく温かい。

「私たちは同じアジア人ですね」

列車は大きな弧を描きながら緩やかに方向を変えていく。滴り落ちる真夏の日差しは絶え間なく、黄色く渇いた大地は果てしない。

末筆ながら、本書の執筆を強く勧めてくださったノンフィクション作家、吉岡忍氏に心から感謝いたします。

２０２１年６月18日

手塚孝典

主要参照・参考文献

胡桃澤盛『胡桃澤盛日記一〜六』「胡桃澤盛日記」刊行会　二〇一一年—一三年
「胡桃澤盛日記」刊行会編『「胡桃澤盛日記」の周辺』「胡桃澤盛日記」刊行会　二〇一五年
満蒙開拓を語り継ぐ会『下伊那のなかの満洲——別冊記録集』満蒙開拓を語りつぐ会　二〇一二年
満蒙開拓を語り継ぐ会『下伊那のなかの満洲——聞き書き報告集3』飯田市歴史研究所　二〇〇五年
満蒙開拓を語り継ぐ会『下伊那のなかの満洲——聞き書き報告集2』飯田市歴史研究所　二〇〇四年
満州移民を考える会編集委員会編『下伊那から満州を考える——聞き書きと調査研究』満州移民を考える会　二〇一八年
飯田市歴史研究所編『満州移民——飯田下伊那からのメッセージ』現代史料出版　二〇〇九年
長野県開拓自興会満州開拓史刊行会編『長野県満州開拓史　総編・各団編』長野県開拓自興会満州開拓史刊行会　一九八四年
白取道博『満蒙開拓青少年義勇軍史研究』北海道大学出版会　二〇〇八年
加藤聖文『満蒙開拓団——虚妄の「日満一体」』（岩波現代全書）岩波書店　二〇一七年
安富渉『満洲暴走　隠された構造——大豆・満鉄・総力戦』（角川新書）ＫＡＤＯＫＡＷＡ　二〇一五年
小林信介『人びとはなぜ満州へ渡ったのか——長野県の社会運動と移民』世界思想社　二〇一五年
大久保真紀『ああ わが祖国よ——国を訴えた中国残留日本人孤児たち』八朔社　二〇〇四年

井出孫六『終わりなき旅――「中国残留孤児の歴史と現在」』（岩波現代文庫）岩波書店　二〇〇四年
井出孫六『中国残留邦人――置き去られた六十余年』（岩波新書）岩波書店　二〇〇八年
陣野守正『先生、忘れないで！「満州」に送られた子どもたち』梨の木舎　一九八八年
西田勝・孫継武・鄭敏編『中国農民が証す「満洲開拓」の実相』小学館　二〇〇七年
加藤陽子『満州事変から日中戦争へ』（岩波新書）岩波書店　二〇〇七年
石川禎浩『革命とナショナリズム――1925-1945』（岩波新書）岩波書店　二〇一〇年
山室信一『キメラ-満州国の肖像　増補版』（中公新書）中央公論新社　二〇〇四年
小川幸司『世界史との対話――70時間の歴史批評（下）』地歴社　二〇一二年
島田俊彦『関東軍　在満陸軍の独走』（講談社学術文庫）講談社　二〇〇五年
最相葉月『ナグネ――中国朝鮮族の友と日本』（岩波新書）岩波書店　二〇一五年
戸田郁子『中国朝鮮族を生きる――旧満洲の記憶』岩波書店　二〇一一年
宗景正・樋口岳大『私たち、「何じん」ですか？――中国残留孤児たちはいま…』高文研　二〇〇八年
宗景正『夜間中学の在日外国人』高文研　二〇〇五年
孫歌『アジアを語ることのジレンマ――知の共同空間を求めて』岩波書店　二〇〇二年
竹内好『新編日本イデオロギイ』（竹内好評論集第二巻）筑摩書房　一九六七年
山田朗『昭和天皇の戦争――「昭和天皇実録」に残されたこと・消されたこと』岩波書店　二〇一七年
長野県歴史教育者協議会編『満蒙開拓青少年義勇軍と信濃教育会』大月書店　二〇〇〇年
佐久町誌刊行会編『佐久町誌　歴史編3』佐久町誌刊行会　二〇〇五年
長野県立歴史館編『長野県の満洲移民――三つの大日向をたどる』長野県立歴史館　二〇一二年

三沢亜紀編集『満蒙開拓平和記念館――図録』満蒙開拓平和記念館　二〇一五年

手塚孝典（てづか・たかのり）

ドキュメンタリー制作者。信越放送ディレクター。1965年生まれ。長野県松本市出身。同志社大学文学部哲学科を卒業。広告会社を経て97年、信越放送（長野市）に入社。満蒙開拓を取り上げた番組『刻印～不都合な史実を語り継ぐ～』（2014年）が日本民間放送連盟賞最優秀に輝いたほか、『汐凪（ゆうな）の花園～原発の町の片隅で～』（19年）『棄民哀史』（15年）『遼太郎のひまわり～日中友好の明日へ～』（13年）がいずれも同賞優秀を受賞した。論文に「戦争との距離感と当事者の自覚」（月間民放、13年８月号）など。15年、「石橋湛山記念　早稲田ジャーナリズム大賞」記念講座の講師として早稲田大学に招かれた際の講義「不都合な史実・満州移民を語り継ぐ」が、八巻和彦編著『「今を伝える」ということ』（成文堂）に収められている。

早稲田新書007

幻《まぼろし》の村《むら》
哀史《あいし》・満蒙開拓《まんもうかいたく》

2021年７月27日　初版第一刷発行
2024年６月28日　初版第五刷発行

著　者　手塚孝典
発行者　須賀晃一
発行所　株式会社 早稲田大学出版部
〒169-0051　東京都新宿区西早稲田１-９-12
電話　03-3203-1551
http://www.waseda-up.co.jp
企画・構成　谷俊宏
装丁・印刷・製本　精文堂印刷株式会社

ISBN978-4-657-21012-8

早稲田新書の刊行にあたって

いつの時代も、わたしたちの周りには問題があふれています。一人一人が抱える問題から、家族や地域、国家、人類、世界が直面する問題まで、解決が求められています。それらの問題を正しく捉え解決策を示すためには、知の力が必要です。整然と分類された情報である知識。日々の実践から養われた知恵。これらを統合する能力と働きが知です。

早稲田大学の田中愛治総長（第十七代）は答のない問題に挑戦する「たくましい知性」と、多様な人々を理解し尊敬して協働できる「しなやかな感性」が必要であると強調しています。知はわたしたちの問題解決によりどころを与え、新しい価値を生み出す源泉です。日々直面する問題に圧倒されるわたしたちの固定観念や因習を打ち砕く力です。「早稲田新書」はそうした統合の知、問題解決のために組み替えられた応用の知を培う礎になりたいと希望します。それぞれの時代が直面する問題に一緒に取り組むために、知を分かち合いたいと思います。

早稲田で学ぶ人。早稲田で学んだ人。早稲田で学びたい人。早稲田で学びたかった人。早稲田とは関わりのなかった人。これらすべての人に早稲田大学が開かれているように、「早稲田新書」も開かれています。十九世紀の終わりから二十世紀半ばまで、通信教育の『早稲田講義録』が勉学を志す人に早稲田の知を届け、彼ら彼女らを知の世界に誘いました。「早稲田新書」はその理想を受け継ぎ、知の泉を四荒八極まで届けたいと思います。

早稲田大学の創立者である大隈重信は、学問の独立と学問の活用を大学の本旨とすると宣言しています。知の独立と知の活用が求められるゆえんです。知識と知恵をつなぎ、知性と感性を統合する知の先には、希望あふれる時代が広がっているはずです。

読者の皆様と共に知を活用し、希望の時代を追い求めたいと願っています。

２０２０年12月

須賀晃一